운의 비밀

왜 나는 운이 없을까?

운의 비밀

민광욱 지음

베가북스
VegaBooks

추천사

제가 아는 겸재 선생님은 운에 대해 끊임없이 연구하고 현장에서 치열하게 검증하신 분입니다. 탁상공론이 아닌 실사구시로 운을 연구하셨기에 삶에 바로 적용할 수 있으리라 생각됩니다. 겸재 선생님께서 알려주시는 운의 비밀은 운 좋은 삶의 문을 여는 열쇠가 될 것입니다.

_타로 마스터 정회도(『운의 알고리즘』 저자)

운에는 행운과 불운이 있다. 희한하게도 행운이 따르는 사람은 행운이 따르는 행동만 골라서 하고 불운이 따르는 사람은 불운이 따르는 행동만 골라서 한다. 어떤 행동을 했을 때 행운이 따르고 불운이 따르는지 궁금하다면 겸재에게 물어봐야 한다. 막힘없이 통쾌한 이야기를 듣게 될 것이다. 『운의 비밀』은 겸재가 천기누설을 각오하고 쓴 것이다. 부디 그에게 행운이 따르기를 기원한다.

_한의사 이경제

사업가들이 몰래 만난 '과외 선생님'
그는 전략가다.
비평가처럼 타고난 팔자를 논하지 않는다.
대신, 내 운을 쓰는 방법을 공부하게 했다.
경영자들의 첫 사주 선생님. 그의 수업노트, 언제 봐도 지혜롭다!

_윤소정(『인문학 습관』 저자)

일생에 세 번의 기회가 온다는 말이 있다. 그 기회는 언제 올까? 벌써 지나갔을까? 그 비밀이 궁금하다면 『운의 비밀』을 책으로 만나고, 나의 운을 바꿀 해답을 찾아보자.

_이재용 (전 MBC 아나운서, 유튜브 셀코 TV 진행자)

10여 년의 인연을 통해 한마디로 저자를 말하자면 '끊임없는 공부'이다. 다양한 사람과의 상담과 사주명리의 수집을 통해, 책 한 권이 완성됐다. 『운의 비밀』을 읽고 운 좋은 사람이 되기를 바라본다.

_남상욱(유튜브 셀코 TV 콘텐츠 대표)

운과 명은 삶의 두 뼈대이다. 명을 알고 운과 조화를 이루는 삶은 가장 의미 있는 삶이라 할 수 있을 것이다. 이 책은 운의 비밀을 들춰 각자의 삶의 꽃을 활짝 피게 도와줄 든든한 조력자가 되어줄 것이다.

_윤국일(『셀프 타로북』 저자)

목차

프롤로그

사주, 관상, 주역, 풍수 등 동양 철학을 시작한 지 어느덧 20여 년의 시간이 지났다.

어려서부터 한의학, 동양 철학 등 여러 분야에 관심이 많았지만, 동양 철학에 본격적으로 관심을 두게 된 것은 1984년에 출간된 김정빈 작가의 『단(丹)』이란 책을 읽은 후부터이다. 책의 주인공은 실존인물이자 도인인 봉우 권태훈을 만나면서 정신의 힘을 깨닫는다. 한국의 역사와 선도 등을 꿰뚫고 있는 선인 봉우 권태훈의 이야기를 읽으며 나 역시 그와 같은 사람이 되고 싶다는 다소 막연한 꿈을 꾸게 되었다. 그 후 시간이 날 때마다 틈틈이 무술, 역사, 철학 등을 공부했다.

하지만 학교를 졸업 후, 회사에 다니며 정신없이 사회생활을 하다 보니 꿈은 점차 희미해졌다. 오직 돈을 벌어야겠다는 생각으로 반복된 회사 생활을 했다. 대기업에 근무하며 괜찮은 대우를 받으니 어느새 그 생활에 익숙해지는 것 같았다. 그러나 실제로는 그렇지 않았다. 생계를 위해 쉴 틈 없이 일하다 보니 어느 순간 몸과 마음이 전과 같지 않음이 느껴졌다. 스트레스를 많이 받던 어느 날, 더는 견디지 못하고 나는 결국 쓰러지고 말았다.

　대운의 변화가 찾아온 것은 바로 그때였다.
　쓰러지고 난 후 천천히 내 인생을 돌아보았다. 회사를 더 다니다가는 미래도, 건강도 모두 잃어버릴 것만 같았다. 하지만 회사를 그만둘 결심을 하기란 쉽지 않았다. 앞으로 어떻게 살아가야 할지 막막해 쉽게 결단이 서지 않았다. 오랜 고민 끝에 친한 동료에게 회사를 관둘 수 있도록 도와달라고 부탁했다. 내가 회사를 곧 그만둘 것이라는 소문을 내달라는 부탁이었다. 직접 방아쇠를 당길 용기가 없던 나는 그렇게라도 회사에서 벗어나고자 생각한 것이다. 동료는 내 부탁을 들어주었고, 얼마 후 회사에는 내가 곧 사표를 쓸 거라는 소문이 퍼졌다. 막상 소문이 나서 회사를 그만둘 수밖에 없는 환경이 되자 마음 한편으로는 이대로 그만두고 싶지 않다는 생각도 치솟았다. 하지만 시간이 흐를수록 동료들의 싸늘한 시선이 느껴졌고 결국 회사를 그만둘 수밖에 없었다. 돌이켜 생각하면 내 부탁을 들어준 그

동료에게 정말 감사할 따름이다.

그때 한 가지 깨달은 것이 있다. 스스로 실행할 용기와 능력이 부족하다면, 그 일을 실행할 수밖에 없는 상황을 만들어야 한다는 것이다.

주변인에게 약속하든지, 통보하든지 스스로 변할 수 있는 환경을 만들어야 한다. 사람은 본래 익숙한 곳에 안주하려는 습성이 있다. 아무리 굳게 마음을 먹어도 익숙한 곳에서 생판 모르는 곳으로 가기란 쉽지 않다. 나 역시 동료의 도움으로 겨우 한 발자국 움직일 수 있었다. 아무런 준비 없이 회사를 그만뒀기 때문에 앞으로 살아갈 방법을 모색해야만 했다. 네 식구의 가장이어서 책임감이 무겁게 다가왔다. 아내는 전업주부였고 첫째 아들은 두 살이었다. 그때 둘째 아들은 아내의 배 속에 있었다. 하지만 이미 몸과 마음이 많이 약해진 상태라 기운을 내기 어려웠다. 지금 생각해 보면 회사 생활을 하며 번아웃이 왔던 것 같다. 6개월 동안 아무것도 하지 않은 채로 지금껏 살아온 인생을 정리하며 몸과 마음을 돌보았다. 그런데 이상한 것은 그렇게 계획 없이 지내는데도 마음이 편했다. 그 시기 나를 이해해주고 함께해준 아내에게 정말 감사할 뿐이다. 천천히 시간을 들여 고민과 걱정을 비워내니 그제야 새로운 생각이 샘솟기 시작했다.

내가 잘할 수 있는 일은 무엇일까?

즐겁게 할 수 있는 일은 무엇일까?

어떻게 하면 기회를 얻을 수 있을까?

생각을 골똘히 하다 보니 그동안 잊고 지내던 사람들의 얼굴과 이름이 떠오르기 시작했다. 문득 주변 사람들은 어떻게 살고 있는지 궁금해졌다. 누가 어떤 일을 하는지, 어떻게 돈을 벌고 있는지 알면 내게도 새로운 기회가 생길 수 있을 것 같았다. 그래서 그동안 회사 생활에 몰두하느라 챙기지 못했던 주변 사람들에게 하나둘 연락을 하기 시작했다. 다행히 그들 모두 반갑게 나를 맞아주었다.

그중 고등학교 때 친했던 친구에게서 답장이 왔다. 그는 그때 미국에 거주하며 무역 유통 사업을 하고 있었다. 친구는 스포츠 브랜드 용품을 판매하고 있었는데 오클리, 버튼과 같이 미국에서 잘 알려진 제품을 다루고 있었다. 그때 갑작스레 최근 고민하고 있던 질문이 떠올랐다. 친구가 하는 사업이 내게 새로운 기회가 될 수 있으리란 희망이 생겼다.

당시 우리나라에는 스키, 스노보드, 인라인 등의 스포츠가 막 인기를 얻고 있었다. 친구가 유통하는 스포츠 용품은 우리나라에서는 수요에 비해 공급이 원활하지 못한 상황이었다. 시장 조사를 해보니 그때까지 그와 비슷한 제품을 취급하는 온라인 쇼핑몰이 없었다. 게

다가 2001년 국내에는 온라인 쇼핑몰 플랫폼이 막 성장하는 단계여서 사람들의 관심이 집중되고 있었다. 게다가 온라인 쇼핑몰은 내 시간을 많이 활용할 수 있다는 장점이 있었다. 블루 오션이 될 수 있다는 생각이 들어 친구에게 다시금 연락했다. 친구에게 물건을 한국으로 보내줄 수 있는지 확인한 후, 그 후 물건을 공수해 온라인 쇼핑몰 사업을 시작하게 되었다. 과감히 집을 팔고, 사업 전선에 뛰어든 것이다. 경쟁 업체가 많지 않아서인지 쇼핑몰 사업을 시작한 지 얼마 되지 않아 매출은 최고점을 찍었다. 3년 동안 쇼핑몰을 운영하며 큰 이익을 보았다. 사업은 별 탈 없이 흘러갔다.

그러나 어느 순간부터 또다시 새로운 고민이 싹트기 시작했다. 큰 회사나 탄탄한 조직에서는 사람들에게 끊임없이 새로운 목표를 제시한다. 또 본인 역시 주변 사람의 모습에 자극받아 자신을 갈고닦으며 노력하게 된다. 하지만 프리랜서나 자영업자는 다르다. 프리랜서나 자영업자같이 홀로 일을 하는 사람은 자신이 목표했던 기준점에 오르면 그 자리에 안주하게 된다. 안정된 상태에 익숙해져 새로운 방법을 모색하기보다는 익숙한 길로 가려 하고 자신의 방법을 최고라 여겨 다른 사람의 말에 귀 기울이지 않는다.

나 역시 마찬가지였다. 사업이 잘되고 큰 문제가 생기지 않으니 마음이 점점 나태해졌다. 운이란 던진 공과 같다. 위로 올라가도 언젠가는 반드시 떨어지게 되어 있다. 당시에는 그것을 깨닫지 못했다.

어느 날부터 매출이 조금씩 떨어지기 시작했다. 사업이 잘되지 않으니 점차 일에 대한 열정과 관심이 사라지고 처음 일을 시작할 때 가졌던 생각이 무엇이었는지 잊어버렸다. 내가 원하는 일을 하며 즐겁게 살아가고 싶었지만, 인생은 내 마음과 같지 않았다. 시간은 속수무책으로 흘렀다. 사업을 다시 일으키기 위해 노력하다가도 이것이 정말 내가 원한 길이 맞는 것인지 의심이 들었다. 문득 회사를 그만두고 나와 고민을 이어가던 때가 떠올랐다. 그때의 해답을 아직 찾고 있는 듯했다. 다시 원점으로 돌아와 3개월 동안 인생이란 무엇인지, 운명이 존재한다면 내 운명은 무엇인지 생각해봤다. 당시는 시간과 금전적으로 여유가 있었던 만큼 관심 분야였던 동양 철학을 공부하고 있었다. 그러자 어릴 때 꿨던 꿈이 생각났다. 그제야 내가 좋아하면서도 즐길 수 있는 분야는 동양 철학이라는 사실을 깨달았다. 마침내 나는 고민의 해답을 찾아냈다.

동양 철학을 업으로 삼아보자.
『논어』의 위정 편에는 다음과 같은 구절이 나온다.

子曰: "知之者不如好之者, 好之者不如樂之者."
(자 왈: "지지자불여호지자, 호지자불여락지자.")

학문의 경지를 세 단계로 나누어 설명하는 이 문장은 지금까지도 많은 사람에게 회자되고 있다. 쉽게 말해, 어떤 사실을 아는 사람은 그것을 좋아하는 사람만 못하고, 좋아하는 사람은 즐기는 사람만 못하다는 뜻이다. 나에겐 동양 철학이 내가 좋아하면서도 또 동시에 즐길 수 있는 일이었다. 동양 철학을 다시 공부해야겠다는 목표가 세워지자 모든 것이 일사천리로 진행되었다. 매출이 처음보다는 높지 않았지만, 사업은 여전히 건재했다. 하지만 나는 과감히 사업을 접었다. 처음엔 사업과 동시에 진행해볼까 하는 고민이 들었지만, 차선책이 없어야 새로운 일에 매진할 수 있을 것만 같았다. 가야 할 방향이 정해지니 자신감이 생겼다. 회사를 그만둘 때는 용기가 없어 동료의 힘을 빌렸었다. 하지만 이번에는 스스로 결정해 과감히 실행에 옮겼다. 그렇게 나는 운영하던 쇼핑몰 사업을 관두고 본격적으로 동양 철학을 공부하기 시작했다.

이것이 내게 찾아온 두 번째 대운이었다.

가야 할 길이 정해졌기 때문에 그 누구보다 열심히 동양 철학을 배우고 익혔다. 직장도 없고, 사업도 그만둔 후라 이제 더욱더 도망칠 수 없었다. 막다른 길에 도착했다는 생각으로 간절히 공부에 매진했다. 여러 선생님을 수소문해서 찾아뵈었고 그 가르침을 내 것으로 만들기 위해 정진했다. 선생님마다 다른 특징을 가지고 있어 배울 수 있는 분야는 무척 폭넓었다. 내가 좋아하는 학문이다 보니 재미도 있었고 실력도 금세 일취월장했다. 동양 철학은 공부할수록 매력적인 학문이었다.

공부를 계속하며 배운 것을 어떤 식으로 활용해야 할지 고민했다. 업으로 삼았으니 돈을 벌어야 하는데 학문으로 익힌 내용을 어떻게 쓸 수 있을지 알기 어려웠다. 한참을 고민 끝에 내가 배운 것을 토대로 직접 부딪혀보기로 했다.

일 년 정도 공부한 후 대학로에 좌판을 깔고 사람들의 사주를 봐주기 시작했다. 학문도 미진한 부분이 있었을 것이고, 상담의 경험도 없기에 내게는 큰 도전이었다. 지금 돌이켜 생각하면 그때는 겁이 없었다. 하룻강아지 범 무서운지 모른다는 속담이 내 경우와 같았다. 지금은 누군가 돈을 주고 하라고 해도 어려운 일이지만 그때의 나는 무엇이든지 해낼 수 있을 것만 같았다.

좌판을 깔고 사주 상담을 시작하자 가족과 주변 사람 모두 심하게 반대했다. "창피하다, 경험도 없는 사람이 무슨 상담을 하냐."라며 걱정스러운 시선으로 나를 바라봤다. 나 역시 모두가 만류하는 일을 한다는 사실에 먹먹한 기분이 들기도 했다. 하지만 피할 수 없는 운명이라 여기며 견뎌나갔다. 열정으로 일을 시작했지만, 처음부터 순탄하지만은 않았다. 어떤 손님은 내가 실력이 부족하다며 크게 화를 내기도 했다. 야박하게 구는 손님이나 짓궂은 손님을 만날 때면 자신감 역시 크게 떨어졌다. 그런 상황이 반복되면서 이 일을 계속해야 하는지 고민될 때도 많았다. 이 길을 계속 가기 위해서는 내가 건너야 할 다리가 많았다. 외롭지만 견뎌야 했다. 철학관을 바로 차리지 않고 길에서 상담을 시작한 이유는 돈보다도 최대한 많은 경험을 쌓기 위해서였다. 많은 사람을 만나 이야기를 듣고 그들의 사주를 점치며 내 실력을 쌓고 싶었다.

참고 견디니 고된 여정이 인정받는 때가 찾아왔다. 대학로에서 일 년을 버티자 어느 순간부터 나를 찾는 손님이 무척 늘어났다. 입소문이 났는지 먼 곳에서 나를 찾아오는 손님도 있었다. 나는 기회를 놓치지 않고 좌판을 3개 정도 더 깔았다. 그러자 안정적인 수입 역시 얻게 되었고 나를 만류하던 주변 사람 역시 차차 내 길을 응원하게 됐다. 하지만 안주할 수 없었다. 과거 사업 경험을 토대로 이제 또다시 움직여야 할 때라는 것을 알고 있었다. 이대로 반복된 삶을 이어간다면 언젠가 어려움이 찾아올 것이었다.

나는 고민 끝에 철학관을 차리기로 했다. 좌판을 하면서도 무탈하게 살 수 있지만, 앞으로 더 큰 인정을 받기 위해서는 나만의 길을 개척해야 했다. 철학관을 차릴 장소를 물색하다가 이왕 시작한다면 사람들이 많이 왕래하는 강남에서 승부를 보는 것이 좋을 것 같다는 생각에 미쳤다. 연고가 하나도 없는 장소였지만 나는 또다시 과감히 도전했다. 지금껏 벌어온 모든 걸 투자해 강남에 철학관을 차렸다. 큰 대운을 불러일으키는 선택은 아닐지 몰라도 내게는 대운이 들어오는 주머니를 넓히는 일이었다. 철학관을 차린 후에도 처음 1년간은 무척 힘이 들었다. 내가 그토록 바라온 일이었다는 생각에 그나마 버틸 수 있었다. 손님을 만날 때마다 그들 역시 나의 귀인이라고 여기며 열심히 이야기를 들었다. 그러자 그 진심을 알아보았는지 점차 손님이 늘기 시작했다. 20년이 흐른 지금은 이 직업을 가진 사람 중 성공했다고 할 수 있을 만한 자리에 올라왔다.

하지만 나는 또다시 불안하다.

지금이 나에게 찾아온 마지막 세 번째 운의 기회가 아닐까?

사주 상담을 20년 이상 하며 여러 사람을 만나다 보니 이제는 운이 들어오는 패턴을 안다. 돈이나 주변의 흐름이 안정되어 자리가 잡힐 때 운의 흐름은 또다시 변화한다. 나 역시 상담을 계속하니 어느 순간부터 안정감에 취해 발전과 변화가 없는 것이 아닐까 고민되었다. 손님을 만날 때마다 비슷한 이야기를 반복해 이야기하고 있다는 생각마저 들었다.

나는 또다시 찾아온 세 번째 대운의 기회를 잡기 위해 스스로 변화를 꾀하고 있다. 운은 움직여야 발동한다. 이렇게 독자들과 책으로 만나는 것 역시 대운을 제때 잡기 위함이다. 독자와의 만남을 통해 서로의 운이 상승하는 것을 도우며, 꽉 막힌 운의 행로를 열려 한다.
이 책을 읽는 독자들도 이 책을 읽으며 대운을 만날 기회를 찾길 바
란다.

1장

당신이 모르는
운의 비밀

운이라는 갈림길

운을 알면 내 인생을 변화시킬 수 있을까?

많은 사람이 운을 알고 싶어 하는 이유는 하나다. 자신의 인생이 앞으로 어떻게 흘러갈지 궁금하기 때문이다. 로또나 연금 복권 당첨 같은 기적을 바랄 때도 "운이 좋으면 좋겠다."라고 이야기하지만 큰 사고나 안 좋은 일을 당했을 때도 "이번엔 운이 좀 나빴을 뿐이야." 라고 이야기한다. 그만큼 운은 우리 삶의 큰 변수를 담당하고 있다. 내 삶을 좌지우지하는 운이란 도대체 무엇일까?

어렸을 때부터 요리사가 꿈이었던 사람이 있다. 그는 학교에서 조사하는 장래 희망에 늘 요리사를 적었다. 학교가 끝나자마자 집으로 달려가 새로운 요리를 개발했고, 가족들이 자신의 요리를 맛있게 먹으면 무척 행복해했다. 실력 역시 좋아 그의 요리를 맛본 사람이라면 누구나 그가 훌륭한 요리사가 될 거라고 칭찬했다. 그는 요리를 전문으로 배울 수 있는 학교에 들어가 이름 있는 요리사 밑에서 요리 솜씨를 향상시켰다. 콘테스트에서도 좋은 성적을 거뒀고 바라는 대로 요리사가 되었다.

꿈꾸는 분야가 다를 뿐 사람들 대부분 이런 희망적인 미래를 꿈꾼다. 일사천리로 내가 원하는 곳에 당도하길 원한다. 하지만 운은 그렇게 단순하지 않다. 우리가 원하는 방향으로 계속 흘러갈 수도 있지만, 대부분 한 발자국을 내디딜 때마다 무수히 많은 선택지를 고르라고 우리를 몰아세운다.

앞서 말한 예시로 돌아가보자. 아예 요리사와는 무관한 일을 하는 사람에게 어느 날 요리할 운이 들어온다면 어떻게 될까? 현재 나에게 작가라는 직업이 있는데 어느 날부터 요리가 무척 즐거워지기 시작한 것이다. 작품도 준비해야 하고, 책도 출간해야 하는데 뜻하지 않게 SNS에 올린 요리에 사람들이 크게 반응을 하니 이 사람은 요리를 계속하고 싶다는 생각을 하게 된다. 애당초 자신의 길이라 여기지 않았던 길에 자꾸만 새로운 기회가 나타나니 모든 것이 고민이 될 수밖에 없다. 또 주변에서는 요리해도 잘할 것 같다고 그를 부추기기도 한다. 이제라도 작가가 아닌 요리사를 꿈꿔야 할까? 그러나 지금까지

삭가로서 탄탄대로를 달려왔기에 새로운 꿈을 도전하는 것은 무모한 일처럼 여겨지는 것도 사실이다.

이렇게 사주와 운이 다른 경우는 무척 빈번하다. 세상의 흐름이 빠르게 변화하기 때문에 어디에서 어떤 운이 내게 찾아올지 알 수 없다. 만약 이 사람이 자신에게 찾아온 운이 무엇인지 알았더라면 좀 더 수월하게 선택할 수도 있을 것이다. 하지만 사람들 대부분은 자신에게 어떤 운이 찾아온 것인지 인지하지 못한다. 그래서 자신이 글을 써야 하는지, 요리해야 하는지 오래 고민하며 시간을 허비하다 운을 놓치고 만다. 그 운이 자신에게 찾아온 기회인지 아닌지 알아채기란 쉽지 않다.

많은 사람이 자신의 운명을 알고 싶어 내 철학관으로 찾아온다. 같은 날, 같은 시간에 태어나더라도 어떤 사람은 행복한 삶을 살고, 어떤 사람은 구렁텅이 같은 곳에서 허우적댄다. 사람들은 그 운의 비밀을 알고 싶어 사주팔자를 점쳐본다.

작가에게 요리 운이 들어온 것은 행운일까?

많은 사람이 운이 들어왔다는 말을 행운이 찾아왔다는 뜻으로 사용한다. 사실 운은 행운이 아니다.

운 ≠ 행운

작가에게 들어온 요리 운이 행운인지는 그가 앞으로 어떤 지향점을 가지고 살아가느냐에 따라 달렸다. 우리는 매일 새로운 선택을 한다. 점심으로 무엇을 먹을지, 어떤 영화를 볼지, 누구를 만날지 같은 것도 그런 선택의 일종이다. 그래서 운이 들어온다는 것은 선택할 수 있는 여러 길이 새롭게 열림을 의미한다. 그 펼쳐진 길 중에 어느 길을 걸을지는 나의 몫인 셈이다. 어떤 사람은 자신에게 좋은 길을 선택하지만 다른 어떤 사람은 자신에게 해가 되는 길을 선택한다. 그 길이 내 인생을 긍정적으로 달라지게 할 길인지 아닌지 고민된다면 주어진 자기 자신의 상황을 먼저 돌아봐야 한다.

앞서 말한 이야기에서 작가에게 들어온 요리 운은 행운이 될 수도 있고, 불운이 될 수 있다. 처음부터 정해진 운명은 없다. 새로운 미래를 선택할 가능성 자체가 운이기에, 그 운이 내 상황과 얼마나 잘 맞물려 있는지 고민해야 한다. 작가인 만큼 요리책을 써 성공을 거둘 수도 있고, 작가를 그만두고 아예 요리사가 되어 직접 가게를 운영할 수도 있다. 기회를 어떻게 운용하는지는 순전히 각자의 역량이다. 그래서 운이 좋은 사람은 기회가 찾아왔을 때 그것이 기회임을 재빠르게 인지한다. 자신의 적성을 잘 파악한 후 그 기질에 맞는 선택을 하다 보면 어느새 성공에 가까이 가게 되어 있다. 사람들은 그런 사람을 가리켜 '운이 좋은 사람'이라고 한다.

Point!

운은 기회이다.
내 앞에 열린 새로운 갈림길 앞에서
나만의 길을 찾아야 한다.

우리가
운을 공부해야
하는 이유

철학관에 찾아온 손님과 이야기를 나누다 보면 안타까운 경우가 많다. 자신에게 찾아온 운을 알아채지 못하고 그 기회가 전부 지나간 후에야 나를 찾아온 것이다.

"제 인생이 왜 이렇게 안 풀리는지 모르겠어요."

"제가 전생에 나라를 팔아먹었나 봐요."

"분명 좋은 기회였는데 일이 잘 안 풀렸어요."

우리 주변에서도 이런 말을 하는 사람을 흔히 볼 수 있다. 나를 찾은 손님 중에는 잠깐 주변을 둘러볼 마음의 여유조차 없는 사람이 많다. 자신을 혹사하고 있는 사람은 숨이 막힐 것 같은 기분 속에서 아무런 선택도 하지 못한다. 그러다 보니 중요한 기회가 찾아왔을 때, 머뭇거리거나 망설인다. 슬프게도 가진 것이 적은 사람일수록 손에 쥐고 있는 무언가를 놓지 못해 전전긍긍한다. 새로운 길을 선택해 지금껏 자신을 힘들게 했던 고통에서 벗어나야 하는데, 그런 선택을 할 마음을 먹기가 쉽지 않다. 감당해야 하는 현실이 너무 버거워서인지 운명의 때가 바뀌는 시기에도 그에게 찾아온 운을 놓치고야 만다.

운은 나를 기다려주지 않는다. 중요한 운이 내게 들어왔을 때 내가 눈을 감고 있거나 한눈팔고 있다면 운은 금세 나를 못 본 척 지나칠 것이다. 내 환경이 고통스럽고 힘겨워도 운이 무엇인지 잘 알아둬야 하는 이유이다. 운이 무엇인지 안다면 인생의 갈림길이 나타났을 때 망설이는 시간을 줄이고 내가 짊어지고 있는 삶의 무게를 덜어낼 수 있다. 또 운의 상승 기류를 타면 지금껏 나를 힘겹게 했던 속박이나 굴레에서 벗어나 새 인생을 살 수도 있다.

그렇다면 운이란 무엇일까?

첫째로, 운은 시기와 때를 나타낸다. '철부지'라는 말이 있다. 철부지는 절부지(節不知)에서 비롯된 말로, 절부지는 계절의 절기를 모른다는 의미이다. 그래서 자신의 주제도 모르는 채 날뛰거나 행동이 자기 나이와 맞지 않는 사람을 향해 철부지라고 이야기한다. 자신에게 찾아온 시기와 때를 정확히 인지한 후 행동해야 운을 얻을 수 있다.

흔히들 운은 앞에서 보면 머리가 굉장히 길지만, 뒤에서 보면 아주 짧다고 말한다. 이 말은 그리스 신화 속 기회의 신 카이로스의 형상에서 유래된 말이다. 카이로스의 앞머리는 얼굴을 가리도록 풍성하게 내려와 있다. 누구도 쉽게 그 기회를 알아차릴 수 없지만, 만약 그것이 기회라는 것을 눈치챘을 때 쉽게 잡을 수 있도록 하기 위해서다. 그래서 운이 찾아왔을 때는 앞에서 재빨리 잡아야 한다. 카이로스의 뒷머리는 대머리인데, 이미 운이 지나간 후에는 아무리 노력해도 잡기가 힘들다는 것을 의미한다. 기회는 쏜살같이 사라진다. 카이로스의 형상대로 우리는 늘 기회를 놓치고 뒷머리를 잡으려 한다. 정면으로 다가오는 것은 너무 쉽게 보이기 때문에 나에게 행운의 기회가 온 것을 오히려 더 모르는 것이다. 언제든 내게 알맞은 시기와 때가 찾아올 수 있다는 마음으로 준비해야만 한다.

둘째로, 운은 내가 나아갈 방향을 보여준다. 중요한 점은 내가 나아갈 방향은 나의 지향점과 같아야 한다는 점이다.

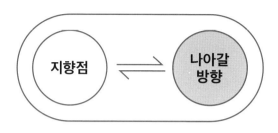

사업으로 크게 돈을 벌고 싶은 사람이 매일 회사에 출근해 일하고 있다면 그 사람의 지향점과 나아갈 방향이 일치하지 않다고 볼 수 있다. 직접 창업 프로젝트를 운영하거나 창업 박람회를 찾아가는 등 기회가 있는 곳을 향해 인생의 진로를 틀어야 한다. 물론 내 지향점을 이루기 위해 방향 설정을 하고 그를 위해 준비하는 시간을 가질 수 있다. 나아갈 방향을 설정하기 위해 시간을 투자하고 자신을 재정비하는 일 역시 필요하다. 그러나 자신이 지향하는 바가 무엇인지 알면서도 세밀한 계획 없이 기회가 찾아오기만을 기다린다면 나아갈 방향을 놓칠 수밖에 없다.

우리는 여행을 가기에 앞서 어디로 떠날지 미리 장소를 정한다. 내가 고른 장소에서 무엇을 먹고, 무엇을 할지, 누구와 갈지 생각해 둔다면 여행지에 가서 길을 잃거나 조급하게 굴 일 역시 줄어든다. 부산으로 갈지, 광주로 갈지, 목포로 갈지 모르는 채로 기차를 탄다면 도착 후 모든 것을 새로 정해야만 한다. 만약 그 여행이 아주 중요한 여행이라면 어떨까? 여행이 시작되기도 전에 모든 기운을 소진해

여유를 잃어버릴 수 있다. 우리 인생도 마찬가지이다. 지향점과 나아갈 방향을 정한 후 인생이라는 기차에 올라타야만 한다.

2007년에 출시되어 지금까지도 많은 사람에게 사랑받는 책 『The Secret 비밀』에서는 우리가 원하는 바를 구체적으로 상상하면 그 일이 실제로 이루어질 수 있다고 이야기한다. 생각하는 것만으로도 운이 바뀌는 것이다. 그런 일이 실제로 가능할까? 불가능하게 느껴지는 이야기지만 타당성이 있다. 내가 바라는 바를 구체적으로 상상하고 그리다 보면 그 생각이 내 안에서 방향성을 만들기 때문이다. 한번 방향성을 설정하고 나면 그 생각은 우리를 앞으로 이동하게 만든다. 운은 움직이려는 속성을 가지고 있어서 그 일이 실제 실현될 수 있도록 스스로 행동하게 한다.

버킷리스트를 적는 일도 마찬가지이다. 막연하게 가지고 있던 목표를 글로 적으면 그 목표가 뚜렷해지고 방향성이 생긴다. 지금 내가 당장 무엇을 해야 할지 모르겠다면 이루고 싶은 꿈의 목록을 적어보는 것도 좋은 방법이다. 한번 글로 적어두면 그동안 미뤄왔던 목표가 성큼 다가오게 되고, 일정을 앞당겨 계획을 세우게 된다. 그래서 나아갈 방향성에 맞춰 무엇이든 실행에 옮기면 그때부터 내 운이 달라지기 시작한다.

우리 속담 중에는 "시작이 반이다."라는 말이 있다. 시작했다는 것은 내가 움직였다는 뜻이다. 운동하기 싫을 날에는 운동복으로 옷을 갈아입기만 해도 운동할 의지가 생기기도 한다. 작은 움직임도 큰 결과를 만들 수 있다.

세 번째로, 운은 내 인생의 설계도라 할 수 있다. 바다에서 낚시하고 있다고 상상해보자. 멀리서 물고기 떼가 몰려오고 있는데 혼자 낚싯대를 들고 부둣가에 서 있는 것과 거대한 배 위에서 그물을 치고 있는 것은 확연히 다를 것이다. 전자는 아무리 많은 물고기가 헤엄쳐와도 한 번에 한두 마리밖에 잡을 수 없지만, 후자는 한 번에 몇백 마리를 잡을 수도 있다. 내가 계획하고 설계한 것에 따라 내가 얻는 기회의 규모 역시 달라질 수밖에 없다.

그 규모의 차이는 어떤 사람을 만나고, 어떤 환경에 둘러싸여 있는지에 따라서 달라진다. 운의 종류 역시 몇천 가지가 되기 때문에, 자신이 원하는 것을 얻기 위해서는 그것에 맞는 인생의 설계도를 그려야 한다. 좋은 사람을 만나 행복하게 지내고 싶은 것이 인생의 목표라면 좋은 사람을 만나기 위한 인생의 설계도를 그려야 한다. 내 가치관에 맞는 사람을 만나기 위해서 어떤 장소에 가 어떤 사람을 만나고 싶은지 그려야 한다. 막연히 좋은 사람을 만나고 싶다고 생각하면 기대했던 결과에 못 미치는 만남을 가질 수 있다. 어떤 사람은 재미있는 사람을 좋은 사람이라고 생각하고, 또 어떤 사람은 아는 것이 많은 사람을 좋은 사람이라고 생각한다. 좋은 사람을 만나고 싶다는 목표가 있다면 나에게 좋은 사람이 어떤 사람인지 분명히 알고 있어야 한다. 그래서 인생의 설계도를 그릴 때는 최대한 선을 촘촘히 그리는 것이 좋다.

상담하러 온 많은 사람이 돈을 많이 벌고 싶거나, 부자가 되고 싶다고 이야기한다.

"어떻게 돈을 벌고 싶으세요?"

하지만 내가 질문 했을 때, 대부분 그 답을 하지 못했다. 불가능한 것을 꿈꾸는 듯한 막연한 목표는 꿈을 이루는 데 큰 도움이 되지 않는다. 내가 진정 돈을 많이 벌거나 부자가 되고 싶다면 어떤 일을 해서 어떻게 돈을 벌어야 하는지 구체적인 미래를 그려야 한다. 그 미래를 향해 걷다 보면 내게도 큰 대운이 나타날 것이다.

Point!

1. 운은 시기와 때를 보여준다.
2. 운은 내가 나아갈 방향을 나타낸다.
3. 운은 내 인생의 설계도다.

운을 바꾸기 위한
내 인생의 이정표

내 운을 바꾸기 위해서는 어떻게 살아야 할까?

먼 길을 돌아보지 않아도 옛 고전에 해답이 나와 있다. 『논어』의 위정 편 20장에서 공자는 자신의 인생을 회상하며 다음과 같이 이야기한다.

子曰吾十有五而志于學(자왈오십유오이지우학)하고

三十而立(삼십이립)하고

四十而不惑(사십이불혹)하고

五十而知天命(오십이지천명)하고

六十而耳順(육십이이순)하고

七十而從心所欲(칠십이종심소욕)하되

不踰矩(불유구)호라.

나는 열다섯 살에 학문에 뜻을 두었고,

서른 살에 확고하게 섰고,

마흔 살에 사물의 이치에 의혹을 품지 않게 되었고,

쉰 살에 천명을 알았으며,

예순 살에 귀로 들으면 그대로 이해되었고,

일흔 살에는 마음이 하고자 하는 대로 따라도 법도를

넘지 않았다.

공자는 평생 덕을 쌓으며 그 가르침을 많은 사람에게 일러주었다. 그는 자신이 나아가야 할 바를 정확히 인지하여 각 나이에 성취해야 할 단계를 구분했다. 어쩌면 공자 역시 시기에 맞춰 일을 행하는 일이 어렵다는 사실을 알기에 이를 일러뒀는지 모른다. 그래서 위정 편에 나오는 이 문장들은 현재를 살아가는 우리에게도 이정표가 된다. 프랑스 시인 폴 발레리 역시 "생각대로 살지 않으면 사는 대로 생각하게 된다."라는 명언을 남겼다. 살아가는 데 있어 시기와 때에 맞춘 계획을 세우는 일은 무척 중요한 문제이다.

운을 바꾸기 위해서는 내 인생의 전체적인 그림을 그리고 그 그림 대로 이루기 위해 노력해야만 한다. 각자의 환경과 위치마다 그 실행 방법은 다를 수 있지만 큰 이정표를 바라보며 걸어가면 길을 잃을 확률이 낮아진다.

10대는 뜻을 세워야 한다.

10대 때는 여러 기회가 찾아온다. 이때에는 매일 무언가를 배우고 습득하게 된다. 감정의 속도가 매우 빨라 새로운 경험을 할 때마다 큰 영향을 받으며 인생의 폭을 넓히는 사고의 전환이 일어나기도 한다. 우리는 사춘기를 흔히 정서적 과도기라고 이야기한다. 자신의 마음이 어디로 향하는지 알지 못해 갈팡질팡하고 세상의 모든 일에 휩쓸리는 때이기도 하다. 하지만 또 동시에 다채로운 시각으로 세상을 받아들이는 힘을 가진 때다. 이때 다양한 경험을 하며 내가 나아갈 바를 찾는 것이 중요하다. 어색하고 서툴더라도 자신만의 꿈을 찾아나가며 자신을 오롯이 가꿔나가야 한다. 꿈을 이루는 시기가 아니라 그 뼈대를 세워나가는 시기이기에 다른 사람의 성공과 실패에 크게 휩쓸리지 않고 자신만의 뜻을 세워나갈 필요가 있다.

한마디로 10대 때는 앞으로 살아가야 할 자세를 습득하는 때이다. 한번 잘못된 습관을 들이면 후에 그것을 고칠 수는 있지만 고치는 데 많은 시간과 노력을 들여야 한다. 그래서 10대 때는 내 삶을 지탱해나갈 좋은 마음가짐을 새기고 앞으로 나아갈 길을 모색해야 한다. 삶을 살아가는 초석을 세우는 지학(志學)의 때가 바로 이때이다.

20대에는 행동하고 도전해야 한다.

20대는 과거에 약관(弱冠)으로 불렸는데, 갓을 쓰는 나이를 뜻한다. 과거에는 20대 때 관직에 진출해 나라의 중요한 일을 맡았다. 예전에는 남성에게만 그 기회가 부과되어 약관이라는 말은 남성에게만 사용했지만, 요새엔 성별의 역할이 구분되지 않아 모두에게 사용할 수 있다. 20대가 되면 누구나 새로운 영역으로 진출하게 된다. 열정이 가득하고, 무엇이든 할 수 있을 것만 같을 때지만 또 동시에 주어진 재원이 가장 적을 때이기도 하다. 하지만 지금 내가 하고 싶은 것, 되고 싶은 것에 더 과감히 도전할 수 있는 나이이기도 하다. 나이가 들어 손에 쥔 것이 많아지면 잃을 것이 무서워 함부로 움직이지 못한다.

일본의 저명한 경제학자 오마에 겐이치는 사람을 바꾸는 방법은 세 가지가 있다고 말했다. 시간을 달리 쓰는 것, 사는 곳을 바꾸는 것, 새로운 사람을 사귀는 것이다. 하지만 나이가 들어 현재의 위치가 공고해지면 이 세 가지를 바꾸는 일이 쉽지 않다. 그래서 20대 때 내 뜻을 펼칠 수 있는 여러 경험에 시간을 쓰고, 많은 사람을 만나며, 다양한 장소에 가보는 일이 필요하다. 매일 매 순간 새롭게 변화하다 보면 기회가 더 쉽게 나를 찾아올 수 있다. 현대 사회는 기술이 발전하면서 꿈을 이룰 기회가 더 무궁무진해졌다. 과거에는 새로운 경험을 하고 싶어도 그 방법을 찾기 어려웠지만, 현재에는 미디어가 발전해 내가 크게 움직이지 않아도 많은 정보를 취득할 수 있다. 물론 시대가 변화하면서 과거와는 또 다른 어려움 역시 많이 생겼다. 취업난이나 실직 등의 문제가 심각하고 전 세계가 코로나로 인해 어려움을 겪고 있다. 20대에 많은 도전을 하라는 것 역시 각각의 상황에 비추었을 때 힘들 수 있다. 하지만 자신의 환경 속에서 꿈을 실현하려는 마음을 가지고 나아간다면 현재 걷고 있는 곳이 길이 되어 새로운 운을 만들 것이다.

30대에는 총력을 기울여야 한다.

이립(而立)이라는 말은 온전히 서 있다는 뜻이다. 온전히 서 있다는 것은 무엇을 의미할까? 내가 가야 할 길이 무엇인지 바로 아는 것이다. 자신을 정확히 아는 것은 꿈이나 목표뿐만 아니라 사람을 만날 때의 태도나, 인생의 가치관에도 큰 영향을 미친다. 자신을 정확히 모르는 사람은 새로운 상황이 생길 때 상황에 끌려다니게 된다. 하지만 내가 무엇을 원하는지, 비슷한 상황 속에서 어떤 감정을 느끼는지 잘 알고 있는 사람은 낯선 환경 속에서도 자신에게 필요한 흐름을 찾아 끌어낼 수 있다.

10대 때 뜻을 세우고, 20대 때 다양한 경험에 도전해 그 안에서 자기 자신을 바로 세웠다면 아무리 그를 몰아세우는 상황이 발생해도 쉬이 침몰하지 않는다. 그래서 자신을 정확히 안 후, 그동안 쌓아온 재능과 능력을 토대로 하고자 하는 일에 총력을 기울여야 한다.

과거와 달리 기대 수명이 늘어나고 사회의 여러 복잡한 상황이 겹치면서 자신의 길을 찾지 못하는 사람이 많다. 하지만 늦었다고 자책하거나 자신을 한심하게 여길 필요는 없다. 길을 잃고 헤매도 지도를 보고 이정표를 찾으면 목적지에 도착할 수 있다. 30대에 이르렀음에도 길을 찾지 못했다면, 자신을 온전히 세우는 일부터 시작하면 된다. 내가 그 길을 못 찾을 때 내 손을 잡아 끌어주고, 함께 걸어주는 이는 나에게 큰 힘이 된다. 그래서 20, 30대 때에는 많은 사람을 만나 인연을 만들어두는 것이 좋다. 그 인연이 귀인이 되어 내게 기회를 가져다줄 것이다.

40대에는 나와 같은 뜻을 가진 사람을 주변에 두어야 한다.

40대는 불혹(不惑)으로, 자기 나름의 주관을 확실히 세워 주변의 유혹에 휩쓸리지 않는 때이다. 40대에는 특히 나와 뜻이 맞는 사람을 곁에 두어야만 한다. 지금껏 살아오며 여러 사람을 만나 왔을 것이다. 하지만 살다 보면 나와 다른 지향점을 가지거나 사소한 일에서도 부딪치는 사람이 생기기 마련이다. 때론 다른 사람의 입장을 고려하지 않고 자기 입장만 고수하거나 남의 감정을 쉽게 휘두르려는 사람이 내 곁에 머물 때도 있다.

유혹은 사람을 통해 들어온다. 내가 가야 할 길이 아님에도 나를 부추기거나 내 감정을 자꾸 휘젓는 사람이 곁에 있다면 우리는 어쩔 수 없이 흔들리게 된다. 또 내가 계획한 바가 아닌 길에 빠져드는 경우 뜻하지 않은 결과에 크게 좌절할 수 있다. 하지만 나와 뜻이 맞는 사람이 곁에 있다면 불안정한 환경이나 피치 못할 사정으로 내가 흔들리는 순간에도 내 곁에 있는 사람이 나를 지지하고 붙잡아줄 것이다. 나와 같은 소신을 지닌 사람과 함께 걸을 때 우리는 큰 시너지를 얻을 수 있다. 인생이라는 긴 여행 속 가야 할 방향과 목적지를 설정하는 것은 나지만, 그 길을 함께 걸어가는 누군가가 있다면 힘든 순간을 버티는 것이 조금 더 수월해진다. 누군가 나와 함께한다는 사실만으로도 우리는 충분히 강해질 수 있다.

50대에는 세상의 흐름을 받아들여야 한다.

지천명(知天命)이란 하늘의 뜻을 알게 된다는 것이다. 그동안 살아오며 배운 것에 깊이를 더하고 성숙해지는 시기가 바로 지천명의 때이다. 공자는 50대에 하늘의 뜻을 알았다고 말하였는데 이는 하늘의 뜻을 알 수 있을 만큼 깊이 있는 사람이 되고자 하는 다짐처럼 읽힌다. 50의 나이에도 온전히 세상의 뜻을 아는 것은 무척 어렵기 때문이다.

요즘은 세상이 변화하는 속도가 예전과 같지 않다. 그 방향성과 속도를 따라잡지 못해 힘들어하는 50대 역시 많다. 사회가 급속히 변화해 생각의 흐름과 가치관의 변화 역시 크게 나타났다. 세상과 충돌하는 이유도 그 흐름을 쉬이 받아들이기 어려워서이다. 그래서 50대에는 세상의 흐름을 이해하고 받아들여 새로운 준비를 해야 한다. 한때 사람들이 고속버스로 몰려와 방문할 만큼 붐볐던 종로의 낙원상가는 어느 순간 사람들의 방문이 뚝 끊겼다. 사람들이 온라인 거래를 선호하게 되면서 직접 방문해 악기를 사는 수요가 줄어든 것이다. 세상의 변화를 인식한 가게의 사장님들은 고객에게 다가가기 위해 온라인 홍보법 등을 새롭게 배우고 익히기 위해 노력했다. 그들의 노력에 응답해서인지 인근 공공 공간에 다양한 국가 공공사업이 실행되고 있다. 직접적인 지원은 아니지만, 이는 낙원상가에도 긍정적인 영향을 끼칠 것으로 예상한다.

낙원상가의 예시처럼 그 흐름을 받아들이고 준비가 된 사람이라면 기회는 멈추지 않고 새롭게 다가온다. 살아온 경험이 지혜가 되기 위해서는 세상을 받아들이고 이에 적극적으로 대응해야 한다. 그렇게 나아가다 보면 지금껏 채워온 나의 삶에 응답받을 것이다.

60대에는 주관을 가지고 휩쓸리지 말아야 한다.

60대에는 이순(耳順)으로, 귀가 순해지는 시기이다. 귀가 순해진다는 것은 무엇을 의미할까? 우리는 때때로 타인의 감정이나 말에 휘둘려 나의 균형을 잃을 때가 있다. 남이 내게 상처를 줬던 말이나 행동을 곱씹으며 지금 보내야 할 순간을 놓치는 것이다. 그래서 귀가 순해진다는 것은 다른 사람의 말과 행동에 좌지우지되지 않고 자신만의 기준을 가지고 살아감을 의미한다. 시시비비를 가리려고 지나치게 화를 내거나 타인의 부정적인 감정에 휩싸여 나의 주관을 잃지 않는 것을 뜻한다. 그러면 자신에게 듣기 싫은 소리도 겸허히 받아들일 수 있게 된다. 반대로 나이가 들수록 오히려 완고해지고 고집이 세지는 사람이 있다. 내가 세운 주관이 옳다고 믿기 때문에 타인의 마음을 들여다보지 않으려 한다. 하지만 주관을 잃지 않는다는 것은 오히려 다른 사람의 말을 잘 이해하고 경청한다는 뜻이다. 타인의 처지에서 역지사지할 수 있으므로 누가 아무리 나에게 심한 말을 하거나, 심한 행동을 해도 초연히 받아들 수 있다. 그 사람의 처지에서 그럴 수 있음을 받아들이고 자신의 마음을 바로 세우는 것이다. 나이

듦이 지혜가 되기 위해서는 그만큼 다른 이의 마음을 이해해야 한다. 그렇게 마음이 순해지고 귀가 순해지면 받아들이는 세계가 넓어진다. 남들이 보지 못하는 것을 보게 되니 살아온 날의 경험도 이를 뒷받침해준다. 그러면 내가 구축해놓은 세계가 나를 위해 움직일 것이다.

70대 때는 자신을 돌아봐야 한다.

70대에는 마음먹은 대로 행해도 그것이 정도에 어긋나지 않는다고 하였다. 하지만 그러한 경지에 도달하기 위해서는 지금까지 살아오며 내가 내린 결정이 나를 어디로 이끌었는지 돌아봐야 한다. 지금껏 지켜온 나의 소신과 가치관이 정도에 부합해야만 내가 앞으로 가야 할 길 역시 그와 맞을 수 있다.

70대가 되면 그동안 고생해왔다는 생각에 모든 걸 내려놓으려는 사람이 많다. 힘겨웠던 지난 삶을 보상받으려고 평소에 하지 않을 선택을 하거나 쉽게 모든 것을 체념하기도 한다. 오히려 이런 시기에 더 주의를 기울여 자신을 돌보아야 한다. 운이 바뀌는 시기에 모든 걸 급하게 내려놓는 순간 중요한 것을 놓칠 수 있다. 건강이나, 재산은 물론 그동안 쌓아왔던 인간관계 역시 차분히 살피며 계획한 대로 일을 실행해야 한다. 주변에도 70대에 급격하게 운이 꺾여 힘들어하는 사람이 많다. 나의 인생을 돌아보며 앞으로 가야 할 길을 천천히 정리해야 한다.

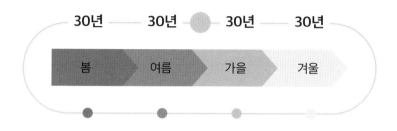

사주 명리학에서는 큰 대운의 흐름이 30년마다 바뀐다고 이야기한다. 봄, 여름, 가을, 겨울의 사계절이 변화하듯 운의 시기가 바뀌는 것이다. 보통 초년, 중년, 말년으로도 나누는데 어떤 시기에 어떤 계절의 운이 들어올지 사람마다 다르다. 어떤 사람은 초년에 운이 피지만 말년에 꺾이기도 하고, 그 반대로 초년은 무척 고생하지만, 말년운이 피기도 한다. 보통 사람은 본인의 운이 언제 피는지 잘 모르기때문에 내게 찾아와 사주를 보기도 하고, 운을 점치기도 한다. 정확한 운의 때를 맞추기 위해서는 전문가의 조언도 필요하지만, 앞서 말한 이정표를 쫓아 삶을 계획하다 보면 내가 원하는 때에 기회를 만날 확률이 높아진다. 언제 운이 내게 찾아올지 모르니 그때를 위해스스로 준비해야만 한다.

Point!

자신의 때에 맞춰 삶의 이정표를 세우며,
행운이 들어올 수 있도록 준비해야 한다.

토끼는
호랑이가 될 수 없다

많은 사람이 어떻게 하면 운을 바꿀 수 있는지 내게 물어본다. 철학관에 와 다짜고짜 자기 인생이 틀린 것 같으니 어떻게 하면 인생역전을 할 수 있을지 물어보는 사람도 있다. 이런 사람들은 조급하고 급한 마음에 인생을 바꿀 수 있는 해답을 빨리 찾기를 원한다. 그런 사람들에게 내가 항상 하는 이야기가 있다.

"중요한 것이 있어요. 먼저 내가 토끼인지, 호랑이인지 알아야 해요."

내 말에 사람들은 눈을 크게 뜨고, 그게 무슨 뜻이냐고 되묻는다. 사람마다 가지고 있는 운의 크기와 흐름이 다르다. 그래서 자신이 어떤 사람인지 알아야 인생을 바꿀 해답 역시 알 수 있다. 누구나 일확천금을 벌 수 있고, 재벌이 될 수 있다면 좋겠지만 사람들은 모두 각기 다른 운명을 가지고 태어났다. 하지만 자신이 토끼임에도 호랑이라도 된 것처럼 들판에 뛰어다닌다면 어떻게 될까? 호랑이에게 잡아먹히고 만다. 동화 속 거북이는 꾀를 부린 토끼의 실수로 달리기 경주에서 이기지만, 현실에서는 토끼와 경주하면 지고 말 것이다.

"그렇다면 토끼는 무조건 호랑이한테 잡아먹히고, 거북이는 계속 토끼에게 진다는 거예요?"

그렇지 않다. 자신이 어떤 사람인지 안다면 자신의 환경과 특징을 활용해 상상하지 못했던 결과를 만들어낼 수 있다. 어느 날, 토끼가 호랑이로 변하는 극적인 사건은 일어나지 않지만, 자신이 가진 운을 활용하여 좋은 결과를 만드는 것은 가능하다. 만약 내가 거북이라면 토끼에게 유리한 환경이 아닌 거북이인 자신에게 유리한 환경을 찾아 그곳에서 겨루면 된다. 물가에서 경주한다면 거북이 역시 토끼를 이길 수 있을 것이다.

가장 중요한 것은 나 자신을 알고, 나에게 맞는 방법을 찾는 일이다. 토끼는 호랑이가 될 수는 없다. 토끼가 가장 행복해지는 방법은 토끼만이 알고 있고, 호랑이가 가장 행복해지는 방법은 호랑이만이 알고 있다. 자기 자신을 모른 채로 행복해지는 방법을 찾을 수 없다.

내 운을 펴는 방법 역시 내 그릇 안에서 결정된다.

사람들에게 행복의 기준은 저마다 다르다. 어떤 사람은 자산이 별로 없어도 돈을 더 버는 것보다 현재의 삶에 만족하며 살아간다. 수천억을 보유한 자산가는 걱정이 없을 것 같지만 그도 그 나름대로 걱정이 많을 수도 있고 행복하지 못한 삶을 살 수도 있다. 내가 상담했던 사람 중에는 돈이 무척 많지만 매일 걱정으로 잠을 못 이루는 사람이 많았다. 누구나 부러워하는 풍족한 삶처럼 보여도 자세히 들여다보면 사람들과 싸우고, 가족 내의 불화로 고민하느라 행복을 느낄 겨를이 없어 보였다. 똑같은 것을 먹고, 똑같이 잠을 자더라도 어떤 사람은 행복하고 어떤 사람은 불행하다면 그 사람이 느끼는 행복의 기준이 다르다는 것이다.

내가 하는 일은 그 사람들 각자의 상황 속에서 그가 최대한 행복할 수 있도록 돕는 것이다. 사람들은 내가 운이 필 방법을 조언해주면 본인의 운이 토끼의 운에서 호랑이의 운으로 바뀔 수 있다고 착각하곤 한다. 그래서 운을 바꾸기 위해 토끼에서 호랑이로 변하고 싶다고 이야기한다. 그러나 그러한 일은 생기기 어렵다. 타고난 운의 기질은 바뀌지 않는다. 토끼 운이 나쁜 것도 아니며, 호랑이의 운이 좋은 것도 아니다. 자신이 가지고 있는 기질과 성향에 맞게 운을 받아들여야 한다. 만약 내가 토끼인데 자꾸만 호랑이를 이기겠다고 호랑이에게 덤벼든다면, 그때부터 운이 꼬이기 시작한다. 토끼는 호랑이에게 잡아먹히고 말 것이다. 그래서 나는 사람들이 자신의 상황 안에서 최대한 행복할 수 있도록 조언해준다. 그것이 바로 운을 크게 키우고 행운을 불러들이는 방법이다.

한마디로 자신의 정체성을 정확히 알아야 한다.

그것이 운을 꽃피우는 길이다. 공부에 재능이 없고, 다른 예체능에 재능이 많은데 계속해서 공부만 한다면 그 사람은 공부를 잘하는 사람을 이기기 힘들 것이다. 열심히 노력하여 어느 정도 성과를 낼 수 있겠지만 그 길로 가는 길은 더욱더 고될 수밖에 없다. 환경이 뒷받침해주지 않거나, 다른 사람의 희망대로 재능이 없는 분야를 계속해서 파고든다면 그 사람의 운은 움츠러들 수밖에 없다. 재능이 없으니 노력해도 빛을 발하지 못하고, 자신의 자존감도 떨어지게 된다. 계속 이런 상황이 반복되다 보면 나중에는 노력할 의지조차 떨어지게 된다. 그런 상태가 되었음에도 깨닫지 못한 채 공부를 잘하는 사람과 계속 겨루려고 한다면 결과는 분명 좋지 않을 것이다. 공부의 길을 선택하기 전에 내가 공부를 잘하는지, 공부에 관심이 많은지 먼저 확인해야 한다. 그래야 거북이가 토끼와 들판에서 경주하게 되는 상황을 막을 수 있다.

옛날에는 무속인들이 사람들의 응어리진 마음을 풀어주기 위해서 부적을 쓰고 굿을 했다. 그 당시 사람들에게는 그것이 일종의 심리 치료 방법이었던 셈이다. 내가 사람들의 운을 봐주는 이유도 마찬가지이다. 사람들의 마음을 위로해주고, 그 사람들에게 더 나은 길을 알려주기 위해서이다. 나는 사람들에게 어떤 길로 가면 좋을지 조언을 하며 그 사람들의 인생을 조금 더 나은 방향으로 이끌 수 있기를 소망한다. 인생 자체를 완전히 바꾸는 건 어렵지만 어떤 사람이 길을 잘못 들었을 때, 좀 더 안전한 길로 안내할 수는 있다.

사람들 대부분 100%의 노력을 들여서 30%의 결과밖에 얻지 못한다. 100%를 노력해서 80%나 90%는 얻어야 하지만 운이 나쁜 사람들은 고작 20%나 30%를 얻는다. 똑같은 노력을 하더라도 효율은 제각기 다르다. 사회에서 그 차이는 매우 크게 나타난다. 그래서 나는 사람들의 이야기에 귀 기울이고 좀 더 나은 길을 조언해준다. 그 사람들이 내 말을 따라 더 나은 길을 선택해 좋은 결과를 들려주었을 때 나 역시 큰 기쁨을 느낀다.

한번은 직장을 다니는 사람이 나를 찾아왔다.

"무슨 고민이 있어서 찾아오셨어요?"

처음 얼굴을 마주할 때부터 그의 표정이 좋지 않아 나는 그에게 어떤 문제가 있음을 금방 알 수 있었다. 내 질문에 그 사람은 울먹거리는 목소리로 말했다.

"지금 공무원을 하고 있는데 일이 너무 맞지 않아서 고민이 돼요. 매일매일 죽고 싶은 심정이에요."

그 사람의 사주와 관상을 보니 직장을 다니는 것보다는 사업을 하는 것이 그 사람에게 더 맞는 일이었다. 또 현재 사업에 관한 운 역시 들어와 있어 그 사람의 이야기를 찬찬히 듣다가 다음과 같이 조언했다.

"두 가지 방법이 있는데 한번 선택해보실래요?"

그 사람은 밝은 얼굴로 고개를 끄덕였다.

"하나는 해외에 나가서 어학이나 비슷한 분야를 배워서 무역업을 하는 방법이 있어요. 본인은 직장에서 근무하는 것보다 어딘가 돌아다니는 게 나아요. 또 하나는 사업을 해보는 건 어때요? 카페를 차려보면 괜찮을 것 같아요."

손님은 내 얘기를 듣더니 고개를 끄덕였다. 그 후 얼마 뒤 그 손님에게 연락이 왔다. 내 이야기를 듣고 정말 카페 사업을 시작한 것이다. 지금도 꽤 유명한 카페를 운영하고 있는데, 벌써 지점이 50개가 넘는다고 한다. 만약 이 손님이 자신에게 들어온 운을 알지 못한 채, 직장을 계속 다녔다면 계속 죽고 싶은 심정으로 삶을 이어나갔을 것이다.

"직접 카페를 운영해보니 제 적성에 정말 잘 맞는 것 같아요."

자신의 적성을 찾은 후 그의 목소리는 한결 밝아 보였다. 그 사람

의 운이 바뀐 것이다. 자신이 있어야 할 곳을 정확히 아는 것, 그것이

바로 운이다

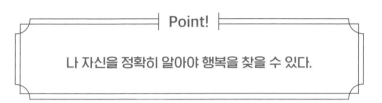

Point!

나 자신을 정확히 알아야 행복을 찾을 수 있다.

운을 얻는 방법

운(運)이라는 글자에는 움직임이라는 뜻이 포함되어 있다. 그래서 운은 계속 움직여야 작동할 수 있다. 운이 들어올 때 사람은 계속 새로운 것을 시도하게 된다. 용기를 내 새로운 일에 도전하고 적극적으로 낯선 곳을 향해 발걸음을 내디딘다. 하지만 운이 내려가기 시작하면 사람은 발걸음을 멈추게 된다. 이때 많은 사람이 원래 가지고 있던 운을 유지하기 위해 그 자리에 정주하게 된다. 하지만 운은 늘 움직이는 것이다. 어느 최상점에 가면 운 역시도 다른 곳으로 방향을 틀려고 한다. 내 운이 현재 높은 곳으로 올라가 있다면 낮은 곳으로 떨어지려고 하기 마련이다.

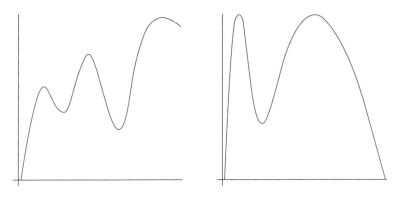

사람마다 다른 운의 흐름

그래서 운의 흐름은 사람마다 다를 수밖에 없다. 어떤 사람은 0에서 시작해 10으로 가는가 하면, 어떤 사람은 10에서 시작해 0이 되기도 한다. 첫 번째 그림처럼 어떤 사람의 운은 전체적으로 위로 오르기도 하지만, 두 번째 그림처럼 높은 부분으로 시작해서 밑으로 떨어지기도 한다. 각자 시작점도 끝도 다르기에 내 운의 기점을 아는 것이 중요하다.

운이 꺾이는 시기가 되면 사람들은 두 가지 패턴을 보인다. 운을 지키기 위해 현상을 유지하려 하거나 새로운 일을 무모하게 시도한다. 나에게 맞는 일을 해야 하는데 보통 자신에게 맞지 않는 새로운 일을 무리하게 저지른다. 요식업을 하는 사람 중에는 사업이 성공한 이후 무리하게 사업을 확장하다 망하는 경우가 있다. 앞에서도 말한 것처럼 토끼의 운을 가진 사람이 호랑이의 영역까지 자신의 영역을 확장하려고 하다 운이 떨어지게 된 것이다. 나 역시 사업의 기운이 꺾이는 게 느껴지자, 아직 잘되고 있던 사업을 과감히 정리하였다.

만약 그때 내가 사업을 계속 이어갔다면 나의 운명은 어떻게 변하였을까? 운의 흐름을 받아들이지 못한 채 그 운을 지키려고 멈추었다면 나의 인생도 그대로 고여 있었을 것이다. 비바람이 거세게 몰아쳐 호수의 물결이 격렬하게 요동치는데, 수면을 못 떠나고 발만 동동거리며 떠 있는 백조를 상상해보자. 아무런 이득도 없는 호수에서 열심히 발만 구른다면 다리만 얼마나 아프겠는가? 만약 내 운이 멈춰버렸는데, 그걸 유지하기 위해 가만히 멈춰 있다면 크게 위험한 상황에 부딪힐 수 있다.

내가 만난 사람 중에는 몇 년째 똑같은 시험을 준비하고 있는 사람이 있다. 그는 나를 찾아와 자신이 왜 시험에 떨어지는지 도저히 모르겠다고 했다.

"이 정도면 붙을 만한데 자꾸 떨어지는 이유를 정말 모르겠어요."

사주를 보니 관운 자체가 막혀 있었다. 그런데 이 손님이나, 손님의 부모님은 오로지 시험만 고집하고 있었다. 아무리 노력을 해도 그쪽 길로 가는 길은 막힐 수밖에 없었다. 그런데 이 손님 역시 자신이 시험을 준비해 합격해야만 인생이 바뀔 수 있다고 강하게 믿고 있었다. 부모님이나 주변 사람 모두 어려서부터 이 손님에게 시험만 잘 보면 인생이 달라질 수 있다고 이야기하다 보니 손님도 그 집착을 버리기가 힘든 것이다. 게다가 주변 가족들 모두 시험에 합격해 비슷한 직종에서 일하고 있었다. 그러다 보니 자신만 시험에 합격하지 못했다는 자격지심으로 더욱더 시험에 집착하게 됐다. 주변 사람들의 기대와 눈초리 때문에 이제는 포기하고 싶어도 포기할 수 없는 지경까지 이르렀다.

내가 이 손님과 따로 이야기를 나눠보니 그에게도 다양한 재능이 있었다. 특히 시험공부를 오래 한 만큼 공부 경험이 많아 주변 친구들이나 아이들을 가르치는 일에 큰 소질이 있었다. 말주변도 있고 다른 사람을 휘어잡는 재능도 있어 강사 쪽으로 나가면 오히려 재물의 운이 상승할 수 있을 것 같아 시험을 그만두고 그 방향으로 진로를 트는 것이 어떨까 조심스레 권유했다. 손님은 내 말을 듣더니 망설이는 표정을 지었다. 시선을 돌려 다른 곳을 바라보는 손님을 보니 이 손님이 새로운 방향을 향해 움직이는 일이 쉽지 않아 보였다.

행운 역시 자신이 원하는 것과 기질, 성향이 맞아야 잡기 쉽다.

아무리 물고기를 잡고 싶다고 해도, 산에 가서 잡을 수 없듯이 본인의 행운을 잡기 위에서는 자신에게 맞는 장소에 가야 한다. 자신에게 맞지 않는 쪽에선 절대로 큰 행운을 잡을 수 없다. 운의 흐름이 잘 맞아야 본인에게 행운이 돌아갈 수 있는데 이 손님은 자꾸만 산에 가서 물고기를 잡으려고 노력하고 있었다. 왼쪽으로 가면 10분의 1의 확률로 보물 상자가 있고, 오른쪽으로 가면 10만 분의 1 확률로 보물 상자가 있다면 당연히 누구나 왼쪽 길을 선택할 것이다. 하지만 이 손님은 자신에게 익숙한 길이라는 이유로 자꾸 오른쪽 길로만 가려고 했다. 10분의 1을 골라야 나아가야 하는데 10만 분의 1에 도전하는 격이었다. 이대로 시험을 계속 보기보다는 다른 것을 경험해보고 본인에게 더 맞는 길을 찾는 편이 훨씬 더 나을 거라고 생각한 나는 한 번 더 손님에게 권유했다.

"손님의 운을 점쳤을 때 시험을 봐서 관직에 오르는 것보다는 상담 자격증 같은 것을 준비해서 다른 방향으로 도전하는 것이 좋을 것 같아요."

하지만 손님은 여전히 요지부동이었다. 진심으로 손님의 운이 변화하길 바라는 나는 몇 번이나 그에게 새로운 기회를 잡으라고 권유했지만, 그의 고집을 꺾기는 역부족이었다.

"아니에요. 저는 이거 무조건 할 거예요."

그는 끝까지 어떻게 해야 시험에 합격할 수 있는지 물어보다 돌아갔다. 움직이지 않으니 손님의 운은 그대로 멈춰 있을 수밖에 없었다. 나는 손님의 미래가 무척 걱정되었지만 한편으로는 그 손님이 시험에 합격해 좋은 소식을 가져올 수 있었으면 좋겠다고 생각했다. 그 후로 나는 그가 시험에서 여덟 번 정도 더 떨어졌다는 이야기를 전해 들었다. 그 손님은 시험의 늪에 빠져 계속 움직이지 않은 채로 멈춰 있었다. 한 곳에 머물러 있다면 시간이 지날수록 더욱더 원래 하던 것에서 벗어나기 어렵다. 늪에 가라앉는 것처럼 계속해서 침식당하게 된다. 하지만 그럴수록 자신의 자리에서 과감히 움직이려는 시도 역시 필요하다.

또 다른 한 손님은 오래 일한 은행에서 명예퇴직을 한 후 나를 찾아왔다. 그만두면서 미리 5년 치 월급을 받은 후였다. 과도한 경쟁 속에서 지쳐 있던 그는 앞으로 아무것도 하고 싶지 않다고 했다.

"지금껏 이렇게 열심히 일했는데 이제는 놀아도 되지 않을까요?"

손님에게는 어떤 열의도, 열정도 사라진 것처럼 보였다.

"앞으로 어떻게 지내시려고요?"

내가 묻자 그는 망설이지 않고 대답했다.

"그냥 시골 내려가서 일단 편하게 지내려고요."

때론 적절히 쉬어가는 시간이 필요하다. 알맞을 때 휴식하는 것은 그 사람이 가진 효율성을 끌어 올리는 방법의 하나다. 하지만 손님의 운을 보니 지금 이대로 안주하다가는 그대로 운이 하락할 느낌이었다.

"시골에 내려가서는 어떻게 지내실 건가요?"

그는 한참을 망설이더니 대답했다. 머뭇거리는 모습을 보니 그에게도 뚜렷한 계획이 없어 보였다.

"일단 내려가서 농사도 지어보고, 하고 싶은 것도 해보고, 멍도 때려보고……."

"선생님. 아직은 쉬실 때가 아니에요. 할 것도 많으시고 지금 움직여야 운이 멈추지 않고 계속 새로운 기운을 만들어낼 수 있어요."

하지만 그의 마음은 이미 단단히 굳어진 듯했다.

"일단 너무 쉬고 싶어요. 월급도 충분히 있으니까 먹고사는 데 지장은 없을 거예요. 애들도 이제는 다 커서 알아서 자기 앞가림할 수 있으니까 제가 더 할 일은 없을 것 같아요. 저도 제 인생을 살고 싶어요."

나 역시 손님의 마음을 이해할 수 있었다. 하지만 운의 흐름이 한번 끊기면 다시 치고 올라가는 것이 무척 어려움을 알기에 손님에게 조언해주었다.

"선생님. 그래도 지금 움직여야 새로운 기운이 생길 수 있어요."

하지만 손님의 의지는 완강했다. 상담소를 나서기 전까지 손님을 열심히 설득했지만, 소용이 없었다. 그 후 정말 시골에 내려갔는지 한동안 그 손님의 얼굴을 볼 수 없었다. 손님을 다시 보게 된 건 5년 후였다. 상담실 문을 열고 들어온 손님의 얼굴은 전에 찾아왔을 때보다

훨씬 어두워 보였다.

"잘 지내셨어요?"

손님은 살짝 웃으며 자리에 앉았다.

"어떻게 지내셨어요? 지금은 농사짓고 계신가요?"

한참을 망설이던 손님은 잠시 뜸을 들이더니 말했다.

"지금은 농사도 안 짓고, 그냥 지내요. 아내와도 이혼해서……."

"아…… 무슨 일이 있었나요?"

손님은 계속 주저했다.

"실은 처음에는 쉬니까 마냥 좋더라고요. 1년 동안 가족들이랑 놀러 다니고 자유롭게 지냈어요. 저도 능력이 있으니까 언제든지 재취업이 가능할 거라고 생각했죠. 서울에 있는 집도 팔고 이천으로 내려가서 농사도 지어봤고요."

손님은 무언가 생각에 잠기는 듯 표정이 어두워졌다. 그러더니 천천히 자신의 이야기를 꺼내기 시작했다.

"쓸 돈도 충분하고 노후 준비도 되었다고 생각해서 안이하게 생각했던 것 같아요. 1년 동안 쓰는 돈만 있지 들어오는 돈이 없으니 금방 마이너스가 되더라고요. 가지고 있는 돈으로 어떻게든 해보려고 그때부터 땅도 사고. 주식 투자도 해보고 했는데. 다 잘되지 않아서 크게 손해를 봤어요. 마음이 급하고 초조해지니 가족들과도 사이가 금방 나빠졌죠. 이제는 일을 해야만 하겠다는 생각이 들어서 취업 준비를 다시 하려니 나이 때문인지 불러주는 데가 없더라고요. 명예퇴직 후에는 저를 불러주는 회사도 많고, 찾는 사람도 많았는데 그 많던 곳이 지금은 한 곳도 남아 있지 않은 거예요. 그래서 아직은 때가 아닌 것 같다고 생각해서 또 돈만 쓰면서 지냈어요. 2, 3년이 흐르니까 이제는 정말 아무것도 못 하겠더라고요. 머리도 굳고 할 줄 아는 일도 없고 자신감도 떨어져서 어디 면접을 보러 가도 제대로 말도 못 해요. 취업도 안 되고 돈도 없으니 뭘 시작해보려 해도 할 수가 없네요. 그렇게 쉬고 있으니까 선생님이 떠오르더라고요. 그때 아직은 쉬실 때가 아니라고 했었죠? 그 말을 들었어야 했는데……. 제게 다시 기회가 올 수 있을까요? 어떻게 해야 할지 모르겠어요."

한번 말문이 트이기 시작하자 그의 지난 5년의 시간이 한 번에 와르르 쏟아졌다. 그는 또 한 번 머뭇거리더니 말을 이었다.

"그런데 제가 또 전에 일하던 곳보다 급여가 낮거나 환경이 안 좋은 곳으로는 가기 싫더라고요. 예전에는 정말 좋았었는데 그것보다 못한 곳에 다니면 가족들 보기도, 친구들 보기도 창피하고 부끄러울 것 같아서요. 그래서 지원할 회사를 고르고 고르다보니까 또 갈 곳이 없어요. 시간은 자꾸 흘러가고, 그래서 지금까지 왔는데 막상 또 다른 곳을 가려고 하니 다 전에 못 미치는 것만 같아요. 어떻게 방법이 없을까요?"

손님의 상황은 안타까웠지만 손님에게 솔직하게 이야기하는 것이 그에게 더 큰 도움이 될 것 같아 나는 사실대로 말해주었다.

"선생님. 기회는 계속 오는 게 아니에요. 선생님이 직장을 그만두셨을 때 그때가 운의 흐름이 변할 시기였어요. 선생님께서 쉬시길 원했다면 그때 한 박자 쉬면서 앞으로 무엇을 해야 할지 계획을 세우고 준비했었어야 했어요. 그런데 선생님께서 미래는 생각도 않은 채 지내다보니 선생님께 들어올 운의 길이 전부 막힌 거예요."

한번 막힌 운의 흐름을 다시 펴기는 무척 어렵다.

운 역시도 타이밍을 놓쳐버리면 올라가려는 기로에서 쉽게 기울기 마련이다. 쉬는 일은 무척 중요하지만 그 안에 자기 자신이 있어야 한다. 잘 쉬기 위해서는 내가 어떤 사람이 될지에 대한 고민이 필연적으로 따라야만 한다. 하지만 사람들은 쉬는 시간 동안 생각 자체를 멈추려 한다. 물론 때로는 모든 생각을 멈추고 비어내는 일을 하는 것도 중요하다. 하지만 그 시기를 잘 결정해야 한다. 내 미래의 중요한 교차점에서 한눈을 팔면 큰 것을 잃어버릴 수 있다. 이 손님 같은 경우에는 중요한 시기에 모든 생각을 멈춰버린 채 미래를 잊은 것이다. 쉬면서 내가 무엇을 할 것인지, 앞으로 어떤 목표를 가져야 하는지 생각하면 그 구상이 연계점이 되어 운을 되살릴 통로를 열어준다.

5년이 흐르는 동안 손님의 운은 완전히 막혀 버렸다. 주식 투자

등 사고를 치는 바람에 귀책 사유가 발생해 부인에게 많은 위자료를 주고 이혼했다. 손님에게 아직 하숙집과 오피스텔 한 채가 남아 있었지만, 그것으론 무엇을 해야 할지 가닥을 잡기 어려워 보였다. 그나마 자식들 모두 장성해 크게 돈이 들어가는 곳은 없다고 하였다. 손님은 한 차례 앞으로 살아가야 할 길의 막막함을 토로했다. 나는 손님의 이야기를 열심히 들어주며 그에게 이야기했다.

"운은 한번 빠져나가면 썰물과 같아요. 밀물이 들어올 때는 운이 저 멀리서도 들어오는 것이 보이지만, 물이 빠져 나갈 때는 한순간에 메마른 땅이 되어 버려요. 선생님은 지금도 운이 빠져나가는 때에요. 이럴 때는 다시 재기하는 게 쉽지 않아요."

그러자 손님이 울상이 되어 내게 물었다.

"그럼 더 이상 방법이 없나요?"

"지금은 운이 없으니 친구들이나 아는 사람 중에 뭔가를 하시고 있는 분들이 있다면 가까이 지내세요."

손님은 그 이야기를 듣더니 의아한 표정을 지었다. 약간 자존심이 상한 듯 보여 나는 얼른 덧붙였다.

"운이 떨어져 있는 상태에는 원래 친구들이나 사람이 먼저 다 떨어지게 돼요. 그래서 이것부터 재정립해야 해요. 운을 버는 방법은 운이 있는 사람과 함께 하는 거예요. 운이 서로 차이가 있는 사람이 서로 만나면 운이 낮은 사람은 운이 높은 사람을 따라 올라가게 되어있어요. 그런데 한번 운이 떨어진 사람은 운이 높은 사람을 잘 안 만나려고 해요. 창피하거나 잘 어울리지 않는다는 생각 때문에요. 친구를 만날 때도 보통 그때 그 시기에 맞는 사람들과 어울리게 되잖아요. 고등학교 때 만난 친구가 있고, 대학교에서 만난 친구가 있고, 사회에서 만난 친구가 따로 있듯이 운도 그래요. 운이 좋은 사람은 운이 좋은 사람들과 어울리려 해요. 그런데 문제는 운이 나쁜 사람도 자꾸만 운이 나쁜 사람과만 어울리려 한다는 거예요. 그렇게 운이 안 좋은 사람들과 어울리다 보니 또 운이 올라가는 행로 자체가 막히는 거예요."

손님은 마음을 들킨 것처럼 머쓱한 표정을 지었다.

"일단 사람이 많이 모이는 곳으로 나오세요. 주변에 요새 일이 잘 풀리는 친구들이나 사업을 하는 사람이 있다면 가까이 지내도록 하세요. 1년 정도 그들이 어떻게 살아가는지 지켜보면서 미래를 도모하다 보면 운이 좀 올라갈 거예요. 그때부터 뭔가 시작할 수 있는 힘이 생겨요."

손님은 내 이야기를 듣고는 고개를 끄덕이며 상담실을 나섰다. 다음 번 그 손님이 방문했을 때는 운이 확연히 바뀌어져 있을 것이라 기대된다.

운이 변화할 때 그 타이밍을 잘 맞춰 어떻게 움직이느냐에 따라 큰 차이가 나게 된다. 내게 찾아오는 손님 중에는 자신이 가야 할 때를 놓쳐 움직이지 못한 채 그대로 멈춰 있다가 뒤늦게 찾아오는 손님이 정말 많다. 자신의 운명을 바꾸기 위해서는 내가 가는 방향이 나와 맞지 않다면 과감히 움직여 운을 찾아나서야 한다.

Point!

운은 계속 움직인다.
대운을 얻기 위해서는
사람도 계속 더 나은 길로 움직여야 한다.

성공한 사람들의 계획법

어떻게 하면 성공할 수 있을까?

성공을 꿈꾸는 사람이 많지만 어떻게 하면 성공할 수 있을지 아는 사람은 많지 않다. 나 역시 사주 명리학을 공부하고, 사람들을 상담해주며 성공의 비밀이 무엇인지 열심히 연구하였다. 일을 하면서도 성공한 사람을 만날 때마다 그들의 성공 비결이 무엇인지 찬찬히 살펴보았다. 그 사람이 가지고 있는 타고난 운의 성질도 중요하지만 그 운을 활짝 트이게 만들기 위해서는 그에 맞는 충분한 노력 역시 필요하다. 성공한 사람을 여럿 만나며 살펴본 결과 나는 그들에게서 공통점을 발견할 수 있었다.

성공한 사람들의 비결은 운을 거꾸로 잡는 것이다.

성공한 사람들은 계획을 세우는 단계부터 다른 모습을 보인다. 백만 원을 버는 것이 목표라고 한다면, 대부분 사람은 어떤 방법으로 백만 원을 벌 수 있을지에 관한 고민부터 시작한다. 그 고민을 계속하다 보니 하염없이 시간을 지체하고 시작할 용기조차 내지 못한다. 방법을 찾으려고 고민하는 시간이 길어질수록 망설임 역시 커지게 된다. 그래서 끝내 시작도 못 한 채로 일이 끝나버리는 경우가 많다.

하지만 성공하는 사람들은 목표가 생긴 후에는 이루고 싶은 일의 목표 기한부터 설정한다. 인생의 설계도를 거꾸로 계획하는 것이다. 시작점이 아닌 끝나는 지점을 기준으로 목표를 세우면 성공 확률은 더욱 더 높아진다. 막연히 언젠가 시험을 치르겠다고 생각만 하다 보면 정작 시험공부를 시작하지 않을 수 있다. 하지만 시험에 원서를 접수하면 시험 날짜가 정해지기 때문에 무조건 그날이 오면 시험을 치러야 한다. 그래서 목표와 기한을 설정한 후 그것을 선언한 사람과 그렇지 않은 사람의 성공률은 확연히 차이가 날 수밖에 없다.

"언젠가 나는 카페를 운영해보고 싶어."

"나는 3년 후에 강남역 근처에 카페를 오픈할 거야."

전자의 사람과 후자의 사람 중에 어떤 사람이 더 먼저 목표를 이룰 것 같은가? 당연히 후자의 사람일 것이다. 기한과 목표를 설정했기 때문에 후자의 사람은 3년 후, 강남에서 카페를 운영하고 있을 확률이 높다. 후자의 사람이 전자의 사람보다 계획을 구체적으로 세우게 되고, 무엇을 해야 할지 더 고민할 것이기 때문이다. 중요한 것은 스스로 움직일 동력을 만들어내는 것이다. 그렇기 때문에 무언가를 계획할 땐 반드시 그 계획이 이뤄지는 시기를 먼저 결정해야 한다. 그렇지 않으면 그 계획은 하염없이 늘어지게 되고, 결국 그 과정에서 사라지거나 실패하게 된다. 어떤 사람이 좋아서 그와 결혼할 생각이 있다면 "나는 네가 좋은데 언젠가 함께 결혼하면 좋을 것 같아."라고 이야기하지 말고 "너와 2년 뒤에 결혼하고 싶은데 함께 생각해볼래?"라고 구체적인 기간을 정하여 이야기하는 것이 좋다.

그런데 중요한 점이 있다. 기한을 설정하기 이전에 나 자신을 정확히 알고 있어야 한다는 것이다. 만약 자신의 능력이 충분하지 않은

데 기한을 짧게 설정한다거나 너무 큰 목표를 잡는다면 당연히 아무리 기한과 목표를 설정했다고 하더라도 실패할 확률이 높다. 준비되지 않은 채로 갑작스럽게 창업을 한다고 선언하거나, 어느 회사의 사장님이 될 것이라고 다짐한다면 당연히 주변 사람들에게는 허무맹랑한 소리로 들릴 수밖에 없다. 목표를 설정하기 전에 내 능력이 얼마만큼의 크기인지 잘 살펴봐야 한다. 스스로 잘 살펴본 뒤 정리한 후, 내가 설정해놓은 끝 지점의 기간을 정확히 정한 후 그 일을 하기 위해서 어떤 것을 실행해야 하는지 고민해야 한다.

기간을 설정하고, 실행할 준비가 되어 있다면 다음으로 중요한 것은 멘토로 삼을 만한 사람을 찾는 일이다. 만약 강남에 카페를 오픈하고 싶다면, 주변에 강남에서 카페를 하는 사람이 있는지 찾아본다. 내가 가보지 않은 길에 미리 도착해 있는 사람을 잘 살펴본다면 그 사람의 성공 방법을 배울 수 있다. 내가 멘토로 삼은 사람이 그 목표를 이루는 데 5년이 걸렸다면, 그 사람의 방법을 잘 배워 따라하면 2~3년 만에 그 길에 도착할 수도 있을 것이다.

또한 목표를 세웠다면 주변 사람들에게 그 목표를 알리는 것 역시 목표의 성공률을 높이는 방법 중 하나이다. 미국 캘리포니아 도미니칸대 심리학과 게일 매튜스 교수는 2008년 목표 달성에 관한 심리 실험을 진행했다. 실험 결과 목표를 지속적으로 주변 사람들과 공유

한 집단의 목표 성공률은 다른 집단에 비해 월등히 높았고, 그 성공률이 76%에 달했다고 한다. 그만큼 누군가와 목표를 공유하는 일은 내 목표 달성을 도울 것이 분명하다.

사람마다 자신이 원하는 성공은 전부 다르다. 성공으로 향하는 길 역시 천차만별이다. 그렇지만 성공으로 가는 방법은 의외로 간단하다. 자신을 제대로 파악하는 것에서부터 시작하면 된다.

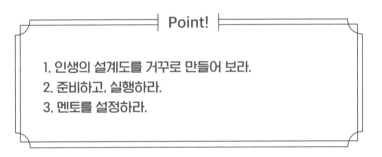

Point!

1. 인생의 설계도를 거꾸로 만들어 보라.
2. 준비하고, 실행하라.
3. 멘토를 설정하라.

불안함은
성공의 징조

상담을 하다 보면 여러 사람의 마음에 귀 기울이게 된다. 나와 상담을 하는 사람들 대부분은 무언가 문제가 생기거나 결정할 일이 생긴 후에 찾아오기 때문에 그들의 감정은 크게 요동치고 있을 수밖에 없다. 하지만 사회가 복잡해지면서 평소에도 불안해하는 사람이 부쩍 더 늘어났다. 상담을 오는 많은 사람들도 내게 여러 가지의 불안을 호소한다.

"요새 일하는 데 너무 불안해요. 어떻게 하면 이 불안을 없앨 수 있을까요?"

나는 그 이야기를 듣고 웃으며 이야기했다.

"앞으로 성공할 징조네요."

그러자 손님이 어리둥절한 표정으로 나를 바라보며 말했다.

"네? 불안한데 잘될 수가 있나요?"

"원래 잘될 징조가 나타나려면 일단 불안해야 해요. 불안하다는 건 내가 뭔가를 해야 하겠다는 마음이 들어오기 시작했다는 뜻이에요."

현대 사회의 많은 사람이 불안을 호소한다. 사회가 너무 빠르게 변화하기에 그 변화를 따라잡기 위해 열심히 고민하다 보니 불안해진다. 그 말을 다르게 풀어보면, 그만큼 내게 기회의 가능성이 열려 있다는 것이다. 옛날에는 개인을 둘러싼 환경이 잘 변화하지 않았다. 한평생 같은 지역을 벗어나지 않은 채 농사를 짓거나 부모의 신분과 계급을 물려받았다. 그러니 개인이 불안할 이유가 많지 않았다. 그런데 지금은 변화의 흐름 자체가 빨라졌다. 그만큼 운의 흐름 역시도 빨라질 수밖에 없다.

난세에 영웅이 나온다는 말이 있다. 영웅이 나오려면 영웅의 행동을 할 수 있을 만한 어렵고 혼란한 시기가 되어야 한다는 뜻이다. 혼돈의 시기에는 매일의 상황이 급박하게 변화한다. 인간은 사회적인 동물이기 때문에 사회가 불안하면 개인 역시 불안할 수밖에 없다. 그래서 만약 내가 불안함을 느낀다면 내게 기회가 생겼다는 뜻이다. 그 운의 흐름을 잘 파악하고 기회가 될 수 있는 상황을 잘 잡아내야 한다. 많은 사업가들이 안정된 곳보다 불안한 곳에서 사업의 기회를 찾으려 하는 것 역시 비슷한 맥락이라 볼 수 있다. 위험 요소가 많다는 것은 그만큼 기회 또한 많을 것이기 때문이다.

지금 당장 운이 풀리지 않는다고 기죽을 필요가 없다.

운이 들어올 때는 항상 시련이 따라온다. 운은 마치 개구리가 웅크리고 있는 것과 같다. 웅크린 개구리가 어느 순간 높이 뛰어오르는 것처럼 운도 잘되기 위해 떨어지는 시기가 존재한다. 어떤 사람은 회사를 갑자기 그만두게 되고, 어떤 사람은 사귀던 사람과 예상치 못하게 헤어질 수 있다. 고통스러운 상황 속에 처하면 우리는 자신감을 잃고 스스로 인생을 비관하게 된다.

불안함이란 감정은 부정적인 감정이라 흔히 불안을 느꼈을 때 상황 자체를 안 좋게 느끼기 쉽지만, 성공한 사람들은 어차피 벌어진 상황이라면 그것을 기회로 이용한다. 위험 상황을 자신에게 유리한 기회로 만들어낸다. 이 점이 성공한 사람과 일반 사람의 차이인 것이다.

내가 걷는 길이 목적지가 뚜렷하고 가는 길이 즐겁고 행복하다면 불안을 느낄 틈새가 없다. 하지만 목적지가 없이 그저 돈을 얻기 위해 힘들고 맞지 않은 길을 걷고 있다면 미래에 대한 불안함은 더 심해질 수밖에 없다. 운의 길은 여러 갈래가 있다. 나에게 맞는 목적지와 행복을 찾아 그 길로 경로를 바꾼다면 행운을 쉽게 발견할 수 있을 것이다.

그 불안함까지 운의 계획이 되는 셈이다. 하지만 내게 불안함이 생겼음에도 그대로 가던 길에서 벗어나려 하지 않는다면 운 또한 멈추어 작용하지 않을 것이다. 불안함을 발견했을 때 방법을 찾아야 한다. 지진이 일어났는데 '왜 지진이 일어난 거지?' 하고 골똘히 생각만한다면 아무것도 변화하지 않는다. '지금 너무 불안한데.'라고 생각만 하다가 집이 무너지면 위험한 상황을 마주할 수도 있다.

'지진이 일어났으니 이제 이 집이 무너질 거야. 얼른 피해야겠어.' 하고 몸을 움직여야 한다. 혹은 '지진이 일어났으니까 사람들에게 필요한 물건들이 많이 생겨날 거야. 그 물건들을 팔아야겠어.'라고 계획을 세워야 한다. 불안함이라는 시작점이 그 사람을 움직이게 하고 새로운 미래를 만들어내는 것이다.

"당신이 불안하다면 그 불안에는 분명 이유가 있을 거예요. 그 불안의 감정을 애써 무시하지 말고 새로운 길을 찾아야 합니다."

하지만 내가 조언을 건넬 때 곤란한 얼굴로 현재 자신이 움직일 수 없는 이유를 이야기하는 사람도 여전히 많다. 각자의 사정과 이유가 있기 때문에 쉽게 지금의 길을 벗어나지 못하는 것은 이해하지만 몸과 마음의 병이 들 정도로 그 사람을 몰아세우는 일이라면 하루빨리 그 일에서 벗어나야 한다. 안타까운 점은 그런 사람들은 점차 그 불안에 익숙해진다는 것이다. 불안이라는 감정을 등껍질처럼 등에 이고 살며 그것이 자신의 몫인 양 받아들인다. 만약 그 자리에 있는 것이 자신에게 답이 아니라면 스스로가 견딜 수 없을 만큼 힘겨워지기 전에 결심을 세워야 한다. 부서를 옮기거나, 퇴사하거나 다른 직장으로 이직을 하는 등 여러 방법을 찾다 보면 어느 순간 길이 보일 수 있다.

하지만 실제 많은 사람이 자의로 새로운 길을 찾지 못하고 타의에 의해 자리를 빼앗기기 전까지 불안한 자리에 계속 머물기를 원한다. 어깨가 딱딱하게 굳은 사람은 자신의 어깨에 힘이 들어가 있는지 아닌지 알지 못한다. 분명 고통스러울 텐데도 어느새 그것이 올바른 자세라고 믿게 된다. 잘못된 자세로 서 있는 사람들에게 물으면 그들은 그 자세를 편한 자세로 생각한다. 운도 마찬가지이다. 불안을 소중히 품고 있다면 자신의 운을 제대로 사용하지 못하는 것이다.

불안함을 호소하는 손님 중 잘되는 손님들은 변화할 시기라는 걸 일러줬을 때, 스스로 변화할 방법을 찾아 움직이는 사람들이다. 그들은 그 상황에서 자신이 어떻게 하면 좋을지 맞는 방법을 찾아낸다. 여기서 한 발짝 더 나아가는 사람들은 변화의 시기에 이미 먼저 앞서 나가고 있는 멘토를 발굴한다. 자신이 하고자 하는 일의 방향성을 알기 때문에 자세하게 계획을 짤 수 있다. 변화하는 시기의 중요성을 알아챈 사람만이 더 나은 미래를 계획하고 꿈꿀 수 있다. 하지만 그 시기를 놓친 사람들은 강한 불안감을 가지고 살아가며 인생은 원래 이렇게 불안한 것이라고 믿는다.

한번은 손님으로, 오랫동안 한 장소에서 구두점을 하신 분이 찾아오셨다. 손님이 자리에 앉을 때 언뜻 보니 그의 오른손은 쇳덩어리처럼 단단해 보였다. 50년이란 긴 세월 동안 오로지 구두를 만들고 수선하는 일에만 매진하였다는 그의 오른손을 실제로 만져보니 온통 굳은살로 딱딱했다. 한눈에 봐도 그의 관록을 느낄 수 있었다.

그는 구두점 뒤에 구두 공장을 직접 운영하며, 여러 지점에 구두를 납품하는 일을 했다. 하지만 전에는 구두를 만드는 경쟁 업체도 많지 않고 자신의 발에 맞춰 수제 구두를 신는 사람이 많았지만, 요새에는 해외에서 수입한 브랜드 구두나 저렴한 구두를 신는 사람이 많다 보니 수제 구두 사업 역시 어느새 사양길로 접어든 것 같다고 이야기했다.

손님은 얼굴에는 고민이 한가득이었다. 그의 마음에 불안이 싹튼 것이다. 구두 사업을 계속 운영해야 할지, 그만둬야 할지 알 수 없어 고민이 된다고 했다. 트렌드에 맞게 디자이너를 고용해 새로운 구두를 브랜드화 해야 하는지 아니면 사업을 중단하고 회사에 들어가 새로 일을 배우며 익혀야 할지 하루에도 몇 번씩 마음이 바뀐다는 것이다.

"평생 배운 것이 구두뿐인데 앞으로 어떻게 해야 할지 정말 불안해요."

손님의 이야기를 들으니 그의 마음에 싹튼 불안이 바로 새로운 행운을 얻을 징조였다. 만약 그가 그런 불안을 느끼지 않고 자신의 사업이 계속 승승장구할 거라 생각해 그대로 멈춘다면 언젠가 그 운의 행로가 막혀버릴 수도 있다. 하지만 그는 자신 안에 찾아온 불안을 놓치지 않고 진지하게 미래에 대해 고민하기 시작한 것이다.

"저는 솔직히 이제 더 못 할 것 같아요. 그렇지만 계속하고 싶은 마음이 들기도 해요. 답이 무엇인지 몰라 고민이 되고 불안해요."

손님의 나이는 예순에 가까웠는데 운을 살펴보니 지금 새로운 회사에 들어간다면 오히려 위험해질 수 있었다. 지금까지 구두 사업만 바라보고 살아왔기 때문에 다시 누군가 밑에 들어가 일을 하는 것은 문제가 생길 수 있었다.

손님이 사업을 하고 있던 거리는 그때까지 구두 거리로, 수제 공방이 많은 길이었다. 그런데 이제 구두 사업이 사양길에 접어들다 보니 근처 구두점을 운영하는 사람들도 하나둘씩 가게를 팔고 자리를 뜨기 시작했다. 함께 오랫동안 거리를 꾸려

나가던 사람들이 하나둘씩 자리를 뜨니 한편으론 자신도 가게를 정리하고 지방에 내려가 농사를 지을까 고민이 된다고 했다.

손님이 가져온 답은 총 세 가지였다.

첫째로, 가게를 정리하고 새로운 회사에 들어가 일을 하는 것이다. 때마침 손님을 눈여겨보고 있던 어느 대기업에서 손님에게 장사를 정리하고 책임자로 들어와 일해 달라는 스카우트 제의를 했다고 한다. 두 번째로 가게를 정리하고 지방에 내려가 농사를 시작하는 것이었다. 세 번째는 힘들어도 그 자리에 계속 남아 구두 사업을 이어가는 것이었다. 손님은 세 가지 중 어느 것도 선택하지 못한 채 계속 망설이고 있었다.

"어떻게 하는 것이 좋을까요?"

자신의 문제를 인식하고 스스로 해결점을 찾아 고민하는 모습을 보니 손님의 운은 앞으로도 잘 풀릴 수밖에 없었다. 손님의 사주와 운을 살펴보니 장사 운은 이미 끝나 있었다. 그런데 신기하게도 손님의 사주에는 문서 운이 들어와 있었다. 문서 운은 어떤 소유권이나 권리를 획득할 수 있는 운을 뜻한다. 재운 안에도 여러 갈래로 운이 뻗쳐 있는데 관운이 직장에서 성공할 수 있는 재운을 가리킨다면, 문서 운은 부동산이나 계약과 관련된 운이 들어오는 경우를 말한다. 손님의 경우에는 관운이 없어 만약 대기업의 책임자로 들어간다면 손님의 기술만 모두 빼앗기고 좋지 않게 끝날 것이라 생각되었다. 사업을 끌고 나가거나 새로운 일을 도모할 운 역시도 부족했다. 그러니 농사를 지어도 잘되지 않고 망할 확률이 높았다. 하지만 손님의 사주에 문서 운이 들어 왔기에 나는 조심스레 물어보았다.

"선생님. 사주에 문서 운이 들어왔는데 혹시 땅이나 건물을 사둔 것이 있나요?"

그러자 손님은 자신이 구두 공장 하나를 운영하고 있는데, 주변에서 구두점을 하던 사람들이 지금 가게를 많이 정리하고 있다고 하였다. 성수동이 지금은 사람들이 자주 찾아 인기가 있는 장소지만 그때만 해도 작은 공장들이 밀집되어 있는 장소였다. 손님은 도리어 자신이 가지고 있는 구두 공장을 내어놓아야 할지 말지 고민하고 있던 찰나였다. 그 이야기를 듣고 나는 손님에게 제안했다.

"그러지 말고 지금 사람들이 팔고 있는 건물을 인수해보는 건 어떨까요?"

"네? 사람들이 다 떠나는데 저도 지금 떠나야 하지 않을까요?"

"아니에요. 선생님. 사주를 보니 가족분들이랑 선생님이 함께 내려가서 농사를 지어도 어려울 것 같고, 지금 새 직장에 들어가도 금방 그만둘 수밖에 없어요. 주변 친구들이 다 떠나셔서 선생님도 떠나시려는 건데 선생님께서는 문서 운이 있으니 이 문서를 잘 가지고 있으면 큰돈을 벌 수 있을 것 같아요. 성수동에서 오래 일하셨으니 이

참에 여기에 터를 잡으시는 게 좋아요."

몇 년이 지난 후, 성수동이 뜨는 동네가 되자 손님은 큰 재운을 얻게 되었다. 내 조언을 듣고 사람들이 팔고 떠나는 구두 공장들을 새로이 인수한 것이다. 손님은 성수동에 건물을 여러 채 보유하고 있어 지금도 큰 재운을 누리고 있다. 불안을 놓치지 않고 기회로 바꿔 자신의 운을 좋게 만든 것이다.

이렇게 우리의 운이 극단적으로 변할 때가 있는데 운이 극단적으로 변할 때는 불행과 행운이 동시에 들어올 때가 많다. 사람들은 당장의 닥친 상황을 무조건 불행한 상황으로만 여긴다. 내게 신체적 결함이 생기거나 회사가 갑자기 망하는 등 큰 사건이 일어난다면 자신을 추스르기 힘들 것이다.

내 손님 중에 동대문에서 의류 회사를 다니다 온라인 때문에 도매 시장이 위축된 끝에 회사가 망해 실직한 손님이 있었다. 원래 디자인을 전공해 디자이너로 근무하고 있었는데 업계가 어려워지며 회사가 문을 닫은 것이다. 새로운 직업을 찾아야 했지만 취업이 잘되지 않아 막막함을 느끼다가 나를 찾아왔다.

"앞으로 제가 어떻게 하면 좋을까요?"

사주를 봤더니 손님에게는 사업 운이 있었다.

"손님 같은 경우엔 사업을 하거나, 사람을 만나는 걸 좋아하니 관련 일을 하면 좋을 것 같은데……. 혹시 주변에 사업을 하거나 가게를 운영하는 사람이 있나요?"

"저희 어머니가 조그만 곡물 가게를 운영하고 계시긴 해요."

"그걸로 뭔가 사업을 해보는 건 어떨까요? 요새 사람들이 건강에 관심이 많으니 콩이나 미숫가루 같은 걸 잘 만들어서 팔면 좋을 것 같아요. 손님에게 기획력이 있고, 온라인으로 마케팅을 잘하면 굉장히 잘될 수도 있을 것 같아요."

손님은 내 조언을 듣고 곰곰이 생각하더니 괜찮은 것 같다며 사업을 시작했다. 어머니가 오랫동안 운영해왔던 만큼 원재료도 무척 좋았고, 손님이 가진 기획력 역시 이와 맞아 떨어져 사업은 금세 번창하기 시작했다. 손님은 각종 곡물을 이용해서 다양한 다이어트 상품을 만들었다. 원래 디자인을 하던 사람이라 상품 패키지 역시 예쁘게 디자인하였고, 온라인 마케팅도 열심히 했다. 코로나 바이러스로 인해 온라인 쇼핑을 하는 소비자가 늘기 시작했을 무렵이라 곧 주문이 쇄도하기 시작했다. 사업이 번창하기 시작하자 손님은 여러 분야로 사업을 확장해 고춧가루 등 새로운 제품을 만들어냈다. 사업 수완이 좋아 디자이너로 일을 할 때보다 오히려 더 많은 수입을 벌어들이게 되었다. 불행한 상황으로 인해 재능을 찾은 경우이다.

이렇듯 갑작스런 상황으로 불행함을 느껴도 그 순간이 오히려 나에게 큰 기회가 되는 경우가 있다. 행운은 절대 멀리 있지 않다. 항상 내 가까이에 있지만 우리가 찾지 못할 뿐이다.

또 다른 경우로, 운동선수를 하던 사람이 내게 찾아온 적이 있다. 그는 어느 날 갑작스런 자동차 사고를 당했다. 그 후, 사고 후유증으로 일반 생활은 가능하나 전문적인 운동선수로는 생명이 끝나 은퇴하는 수밖에 없었다. 손님은 자신이 꿈꿔왔던 미래 전부가 사라졌기 때문에 굉장히 힘든 시간을 보냈다. 타인에 의해 인생의 운이 완전히 바뀌어버린 것이다. 앞으로의 미래가 걱정되어 찾아온 그의 사주를 살펴보니 이 손님에게는 영업에 잘 어울리는 재능이 있었고, 사업 운 역시 좋았다.

"운동보다도 사업에 재능이 있을 것 같아요. 한번 사업을 해보시는 건 어떠세요?"

때마침 상담에 함께 따라온 손님의 여자 친구가 카페를 운영하고 있었다. 그래서 손님은 그 후 여자 친구와 함께 카페를 운영하기 시작했다. 얼마 후 손님에게 연락이 왔다. 운동을 할 때는 체중 관리 때문에 음식을 먹는 것에 대한 스트레스를 많이 받았는데, 카페를 운영하며 제과 제빵을 배우고 다양한 디저트를 팔면서 오히려 행복과 즐거움을 느낀다는 것이었다. 게다가 원래 운동을 오래 해 체격이 좋으니 손님을 보기 위해 매장에 방문하는 고객 역시 늘어났다고 했다. 비록 운명이 그의 인생을 송두리째 바꿔놓았지만, 이를 기회로 삼아 자신의 행운을 찾은 것이다. 비록 불행한 사건이 나를 찾아와 좌절하게 되고 힘이 들지라도 그 시간을 잘 버티며 또 다른 기회는 없을지 주변을 둘러보아야 한다.

사람들이 흔히 아홉수에 잘못된 선택을 하는 것 역시 불안 때문이다. 가끔 커다란 실수를 하거나 힘든 시간을 보내고 있는 사람이 내게 찾아올 때가 있다.

"제가 지금 아홉수를 겪고 있나 봐요."

하지만 아홉수란 사람들이 만들어낸 착각의 일종이다. 운이 변화하는 구간은 분명히 존재한다. 하지만 사람마다 운의 변화 시기는 다르고 운의 흐름은 특정 나이 대에 고정되어 있지 않다. 하지만 실제 아홉수가 되면 많은 사람이 실수하고 잘못된 방향으로 걷게 된다. 사람들에게 심리적 마지노선이 생겼기 때문이다.

나이에 따른 고정 관념이 그 사람의 행동에 영향을 끼치면서 사람을 조급하게 만든다. 아무리 현명한 사람이라 하더라도 누군가 옆에서 계속 빨리 선택하라고 부추기거나 충분히 고민할 시간을 주지 않은 채 결정하게 만든다면 잘못된 선택을 하기 쉽다. 힘들거나 어려운 순간에 큰 결정을 하지 말라고 하는 것 역시 이와 같은 이유 때문이다. 감정이 동요하는 순간에는 올바른 결정을 하는 것이 무척 어렵다. 스물아홉 살에서 서른 살이 됐을 때 사람들은 무언가 결정해야 할 것 같은 기분에 사로잡힌다. 지금까지 연애를 하지 않았다면 당장 연애를 해야 할 것 같고, 결혼을 하지 않았다면 누군가와 빨리 결혼을 해야 할 것만 같다. 그런 심리적 불안이 클 때 사회적인 압박마저 느낀다면 그 결정이 정말 자신이 원한 것인지 스스로도 모르는 채 뛰어들게 된다. 그런 선택은 대다수 실패하게 된다. 본인의 상황에 맞는 결정이 아닌 그저 아홉수라는 시기의 압박감이 만들어낸 결과이기 때문이다.

내가 상담한 사람 중에도 아홉수에 잘못된 선택을 하는 사람이 많이 있었다. 마음의 평정심을 잃은 까닭에 여러 갈림길 중 가장 좋지 않은 길을 선택한 것이다. 그러니 새로운 시도를 할 때는 조급한 마음을 버리고 지금 상황이 나에게 맞는 상황인지 파악하는 것 역시 중요하다.

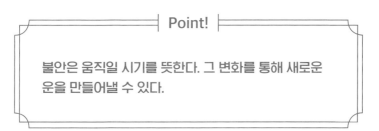

Point!

불안은 움직일 시기를 뜻한다. 그 변화를 통해 새로운 운을 만들어낼 수 있다.

운을 바꾸는 환경

　내 주변 사람과 환경은 내 운에 큰 영향을 미친다. 옛날 사람들은 지금의 사람들보다 풍수지리를 더 중요하게 생각했다. 조상을 좋은 땅에 묻으면 그 기운이 후손에게까지 전달된다는 동기감응론(同氣感應論) 역시 많은 사람이 믿는 풍수지리설 중 하나였다. 지금도 많은 사람들이 운을 바꾸기 위해서 부모님의 묏자리를 바꾸거나, 집터를 바꾼다.

　유명한 풍수지리서인 금낭경(錦囊經)에는 동기감응에 관해 다음과 같은 이야기가 있다. 구리 광산이 서쪽에서 붕괴하자 동쪽에 있던 영험한 종이 이를 알아채고 응하여 울렸다. 구리 광산에서 채취한 쇠로 종을 만들었기 때문에 그 산이 무너지자 종이 감응을 하여 울린 것이다. 종도 근원지의 이상에 감응을 하는데 디군다나 사람이라면 어떠하겠는가.

그래서 주변 환경을 살펴보면 자신의 운을 알 수 있다고 하는 것이다. 내 운이 어떠한지 알고 싶다면 나와 가장 가까운 환경이 어떠한지 살펴보면 된다. 어떤 회사에 오래 근무하면 그 회사의 규율과 법칙이 자연스럽게 내게 스미는 것처럼 운 역시도 내가 머무는 상황의 기운을 머금게 된다. 그래서 내가 하는 행동과 말 역시도 내 주변인들에게 영향을 줄 수 있다. 만약 내게 좋은 운이 있다면 나의 운이 상대방에게 감응하여 그의 운을 피게 만들어 줄 수도 있지만, 반대로 나의 나쁜 운이 상대방을 불행하게 만들 수도 있다. 오래 함께 지내는 사람 중에는 서로의 운에 감응하여 같은 길을 걸어가는 사람을 많이 볼 수 있다. 그 사람이 어떤 사람이냐에 따라 그 운명의 행로도 달라질 것이 분명하다.

가족은 태어나 제일 먼저 접하는 환경이다. 지금까지 많은 손님이 내게 찾아와 힘든 가정사를 고백했다.

"동생이 자꾸 사고를 쳐서 집안에 늘 싸움이 끊이지 않아요."

"부모님 사이가 안 좋아서 늘 냉전 상태예요."

"아빠가 제 의견을 듣지 않고, 아빠가 원하는 쪽으로만 저를 통제하려고 해요."

그들 모두 집안 환경 때문에 자신의 운을 펴지 못하는 사람이었다. 가족은 나와 가장 가깝고 친밀한 사이여서 문제가 벌어져도 판단을 내리기 쉽지 않다. 가족이 자신에게 잘못하고 있는 걸 알지만 늘 그들에게 인정받으려 노력하고, 의존하는 사람 역시 많이 보았다. 그들 모두 가족으로부터 생긴 결핍을 채우기 위해서 고군분투하고 있었다.

하지만 이미 운이 떠난 환경이라면 가족이라도 피해야 한다.

집안에 우울한 사람이 있다면 다른 가족들 또한 우울한 분위기에 젖어 들기 쉽다. 그 우울한 환경이 단기간에 사라지지 않고 장기간으로 이어진다면 가족 모두 항상 우울할 수밖에 없다. 집안의 누군가가 늘 싸우고 소리 지르는 환경에 오래 머문다면, 안 좋은 것을 보고 겪기 때문에 그 기운을 다른 사람에게도 전하기 쉽다. 그것을 보고 겪은 사람의 마음에도 자연스레 병이 깃들 것이다. 마음도 전염되는 법이다. 내가 다른 사람에게 부정적인 기운만을 전하고 있다면 내 환경이 어떠한지 돌아보는 것이 좋다. 가족이더라도 내 운을 부정적인 기운으로 이끄는 사람이 있다면 그 환경을 벗어나야 한다.

현대그룹의 고 정주영 회장의 일대기를 살펴보면 자신에게 맞는 환경을 선택하는 일이 얼마나 중요한지 알 수 있다. 성공하기 전 정주영 회장은 여러 차례 가출을 일삼았다. 그는 가난에서 벗어나기 위해 소를 판 돈을 가지고 고향을 떠났다. 보살펴야 할 가족이 무척 많았지만 과감하게 그 환경을 벗어나기로 선택한 것이다. 만약 정주영 회장이 그 환경에 계속 안주했다면 그는 아버지의 농사를 도우며 농사꾼이 되었을 수도 있다. 하지만 그는 그 환경을 박차고 일어나 자신의 운명을 스스로 개척했다. 만약 그런 그의 선택이 없었더라면 그의 운은 그를 성공으로 이끌지 못했을 것이다. 환경을 바꾸겠다는 결심 자체가 운을 바꾼 것이다.

가족을 보살피기 위해 자신을 희생해야겠다는 마음으로 헌신한다고 해서 운이 살아나는 것은 아니다. 정주영 회장의 일화처럼 자신을 힘들게 하는 환경에서 벗어나 스스로 길을 찾아내는 것이 새로운 방법이 될 수 있다. 불행한 환경 속에서 같이 허우적거리는 것보다는 누군가 밖으로 먼저 탈출해서 허우적거리는 이를 도와주는 것이 더 나은 방법이다. 함께 허우적거리고 있다고 해서 힘든 상황이 저절로 바뀌지 않는다. 혼자 먼저 탈출했다고 이기적이라 볼 수 없다. 나를 먼저 보살피고 살린 후에야 다른 사람을 살필 수 있는 것이다. 가족으로 인해 고통 받는 많은 사람이 자책감을 느끼며 현재의 상황을 벗어나지 못한다. 자신의 감정이나 욕구를 억제한 채 타인의 기대에 부흥하기 위해서 노력한다면 내 운을 피기 어려울 것이다.

회사에 다닐 때도 마찬가지이다. 회사의 경영이 어려워진다고 해서 그 회사를 살려내겠다는 마음으로 안될 일에 몰두한다면 같이 침몰하는 수가 있다. 안될 사업에 몰두해 회사를 살려내려 하는 것보다 다른 회사로 이동해 새로운 길을 찾아내는 게 더 좋은 방법이다. 내 환경이 내 운을 깎아내는 환경이라면 과감히 움직여야 한다.

어느 날, 손님 중 한 분이 자신의 아이 이름을 바꿔달라며 내게 찾아왔다. 아이가 현재 아빠 성을 따르고 있는데 그걸 자신의 성으로 변경해주고 이름도 아예 바꾸려는 것이었다. 무슨 사연이 있나 싶어 그의 사주를 살펴보았다. 사주를 보니 재운이 굉장히 높은데 관운은 아예 들어오지 않았다. 쉽게 말해 좋은 사람을 만날 운이 아예 없었다. 손님의 첫 남편은 손님이 아이를 낳은 지 얼마 안 되어 도망쳤고, 두 번째 남편은 스스로 목숨을 끊었다고 한다. 하지만 손님의 얼굴은 차분하고 온화해 보였다.

"그래서 아이의 성도 제 성으로 바꾸는 게 좋을 것 같아서요."

이야기를 들었을 땐, 손님 역시 꽤 힘든 시간을 보냈을 것이라 생각되었지만 손님의 얼굴엔 전혀 힘든 내색이 보이지 않았다. 손님은 첫 번째 남편과 헤어진 후, 부동산업을 하며 아이를 홀로 키웠다고 한다. 새 이름을 지을 아이는 두 번째 남편으로부터 얻은 아이였다.

얼마 뒤에 이름을 짓기 위해 손님이 아이를 데려왔다. 아버지를 잃은 지 3개월이 채 안 되어 아이의 표정이 어두울 것이라고 지레짐작했는데 아이 역시 표정이 해맑고 좋아 보였다.

"아이 아빠가 우울증이 있었어요. 그래서 감정 기복도 심하고 나중에는 약으로 자살 시도를 하기도 했는데 결국……. 해리성 인격 장애 증상처럼 갑자기 아예 다른 사람으로 변한 것처럼 공격적인 행동을 하기도 하고, 때론 기억을 잃기도 했어요. 제가 남편 운은 없는 것 같아요."

손님은 자신의 이야기를 하며 담담한 모습을 보였다. 남편을 책임지려고 노력했지만, 남편이 언젠가 떠날 것을 자신도 알고 있었다고 말했다. 살아온 시간이 무척 고되었을 것이라 생각되지만, 그 얼굴은 너무나 부드럽고 선해 보였다. 보통 이렇게 주변의 가족이 힘들거나 불행하면 그 운의 불똥이 튀어 함께 사는 이의 운도 뒤틀리기 마련인데, 이 손님의 경우는 그 시간을 자신의 운으로 단단하게 채워나간 듯 보였다. 그래서 손님의 운은 꺾이지 않고 탄탄대로로 이어진 것이다.

이야기를 해보니 손님은 자신에게 관운이 없다는 것을 인지하고 있었다.

"그래도 제가 항상 최선을 다했어요. 남편들이 다 일이 잘 안 풀렸지만 제가 할 수 있는 최선을 다해서 미안함은 없어요. 열심히 일해서 자식들이 하고 싶은 것도 할 수 있도록 충분히 지원해주었고요."

보통 가족이 화목하지 않으면 그 마음이 운에 영향을 미쳐 운을 해치는 경우가 많다. 하지만 이 손님은 자신에게 온 운명 중에 받아들일 것은 받아들이고 버릴 것은 과감히 버리며 스스로 환경을 바꿔 나갔다. 그래서 집안의 슬픔이나 힘듦을 일이나 다른 영역으로 끌고 가지 않았다. 다행히 자녀들은 우울증이 있는 아버지가 있는 환경 속에도 어머니의 좋은 영향을 받을 수 있었다. 환경에 영향을 받지 않고 꿋꿋하게 자신의 운대로 살아갔기 때문에 손님의 재운 역시 크게 상승하였다. 사업을 하거나, 집을 사거나, 땅을 사면 무조건 행운이 찾아왔다. 손님이 키운 자녀들 모두 원하는 대학에 들어가 학업을 잘 마무리했다.

손님의 자신감 있고 밝은 모습은 불행과 자신의 삶을 분리해내는 그 태도에서 나온 것이었다. 모든 불행을 삶의 영역으로 끌고 가는 사람이 있다. 특히나 가족에게서 받은 부정적인 기운과 에너지를 밖으로 가져가 표정과 태도를 유지하는 사람이 많다. 표정을 찌푸리거나, 불행한 생각을 품고 일을 하다 보면 예상치 못한 곳에서 돌에 걸려 넘어지게 된다. 그런데 손님 같은 경우는 가정의 불화를 담아두지 않고 집을 나서면 완전히 다른 사람이 되어 행동했다. 그 모습을 보고 아이들 역시 가족의 불운 속에도 크게 꺾이지 않게 되었다.

손님은 자녀들에게도 그 기준을 명확히 이야기해주었다.

"아빠는 아픈 사람이야. 그러니까 이 방에서는 우리가 아빠 때문에 힘들고 괴로워도 각자 방에 들어갈 땐 다 잊어버려. 이건 너희 인생이지, 아빠의 인생이 아니야. 아빠가 아픈 건 어쩔 수 없지만 너희가 아빠의 인생을 끌고 갈 필요가 없어. 아빠를 선택한 건 엄마야. 너희가 아빠를 선택한 건 아니잖니. 모두가 함께 불행해지면 안 돼."

그래서 가족 모두 집에서는 아버지가 우울해 죽는다고 소리를 지르고 약을 먹으며 힘들어하는 모습을 보아도, 방 안으로 들어가 문을 닫는 순간 그 감정에서 거리를 둘 수 있었다. 마음의 공간을 분리하며 자신을 괴롭게 하고 힘들게 하는 불행의 끈을 잘라버린 것이다. 불행한 기억은 빨리 지우고, 안 좋은 기운이 자신에게 남지 않도록 떨쳐냈다. 그래서 어디에 있든 그 공간의 흐름을 자신의 것으로 만들고, 그 공간에 어울리는 사람이 되어 자신감을 가지고 당당히 행동했다.

원래 집안에 한번 불행이 들어오면 집안이 풍비박산 나는 경우가 많다. 하지만 이 집의 경우는 손님이 기둥이 되어 자신의 환경을 극복하고 운의 행로를 적극적으로 만들어냈다. 이처럼 환경이 안 좋고, 운이 안 좋은 사람이 곁에 있다면 피해야 하지만 피치 못할 사정으로 그 곁에 있어야 한다면 자신이 가진 운의 흐름을 놓치지 않아야 한다.

하지만 앞의 손님처럼 운의 흐름을 지키는 일은 굉장히 어렵다.

한번은 젊은 남자 손님이 나를 찾아왔다. 이야기를 들으니 이 손님 역시 집안 사정이 무척 안 좋았다. 아버지가 간암에 걸려 집안이 급속도로 어려워진 것이다. 손님의 운을 살폈더니 역시나 굉장히 위태로워 보였다.

손님의 아버지는 시한부 판정을 받았다. 의사는 손님의 아버지가 살 수 있는 기한이 6개월이 채 남지 않았다고 이야기했다. 온 가족이 그 소식을 듣고 충격에 빠져 아버지 병간호에 몰두했다. 그런데 아버지의 삶은 6개월이 지나도 끝나지 않았고, 가족들은 그 후 더 열심히 아버지를 간호했다. 하지만 희망도 없이 하릴없이 병원에 머물다 보니 가족들 모두 비틀거리기 시작했다. 처음엔 의지로 버티던 가족들 모두 점차 지쳐갔고, 감당해야 할 병원비도 점점 커져서 가족 모두 어려운 지경에 이르렀다.

내게 찾아온 손님의 표정은 곧 죽을 것처럼 처참했다.

"제가 불효자가 된 것 같아요. 이제 모든 게 끝났으면 좋겠고. 아버지도 계속 정말 이제는 죽을 것 같다고, 정말 살기를 포기했다고 하시는데 막상 다들 마음의 준비를 끝내면 또 이런 시간이 연장돼서……."

그는 말을 잇지 못했다. 병원 생활이 계속되며 아버지도 무척 힘들어 했고, 가족 역시 그 우울한 기운에 모두 함께 침체되었다. 그동안 그 어떤 곳보다 화목한 집안이었지만 그들은 점차 어두워질 수밖에 없었다. 아버지의 병원비를 충당하기 위해서 가지고 있던 집을 팔고, 땅을 팔고, 다니던 직장까지 그만두며 수발을 들었지만 이제 그들에게 남는 것은 없었다.

나를 찾아온 손님은 아버지의 병원비를 벌기 위해 다니던 대학교까지 그만두고 일을 시작했다고 한다. 손님에게는 동생이 있었는데 동생 역시 아버지의 병원비를 충당하기 위해 일을 시작하면서 공부를 포기했다.

"저희 인생은 왜 이렇게 되었을까요?"

손님은 내 앞에서 한참을 눈물을 쏟았다.

아버지의 불운이 손님과 손님 주변으로까지 퍼져나간 경우였다. 아버지의 불행을 같이 안고 가느라 학업도 포기하고, 직장도 포기하며 살아가니 손님의 인생에 남은 것이 없었다. 손님은 지금 현재에도 온전한 직장을 가지지 못한 채로 아르바이트를 동시에 여러 개 하면서 생계를 유지하고 있다고 했다.

앞으로 살아가는 게 막막하다며 눈물을 흘리는 그의 모습을 보니 마음이 무척 안타까웠다. 만약 손님의 아버지가 세상을 떠난다 해도 그는 행복하지 않을 것이고, 앞으로 어떻게 살아야 할지 아무런 계획도 세우지 못한 채로 방황할 것이다. 그래서 아무리 가족이라 하더라도 내 운을 꺾는 사람이 있다면 그 환경을 벗어나야 한다. 그 환경에 잠식당해 나를 잃어버리지 않도록 조심해야 한다. 그렇지 않으면 내가 가야 할 방향 자체를 잃어버리게 된다.

내게 찾아오는 많은 사람이 이렇게 가족 때문에 자신의 운을 해치는 경우가 많다. 앞에서도 이야기했지만, 가족이 불행하고 힘든데 자신만이 혼자 행복해지려 한다고 죄책감을 느끼고 괴로워할 필요가 없다. 가족 때문에 유년 시절을 힘겹게 보냈던 사람 중에는 부모의 감정과 자신을 분리하지 못하고 그 상황에 자꾸만 자신을 이입해 불행한 상황으로 들어가려고 하는 사람이 많다. 나는 항상 그들에게 아무리 가족이더라도 내 운을 망치는 사람이 있다면 도망가라고 조언한다.

"아무리 가족이 힘들어해도 거기에서 벗어나 스스로 행복을 선택해야 해요."

하지만 그 조언을 받아들이기란 역시 쉽지 않다. 오랫동안 가족 중심의 사회로 살다 보니 나와 가족을 분리하는 일을 쉽게 받아들이지 못하는 사람이 대부분이다. 불행의 구렁텅이가 있으면 일단 먼저 탈출하고 자신을 오롯이 세워야 한다.

한번은 세 딸이 어머니와 함께 찾아왔다. 어머니가 현재 치매에 걸렸는데 세 딸이 함께 힘을 합쳐 돌보고 있다고 했다. 처음 어머니가 치매에 걸렸다는 소식을 듣고 난 후, 세 딸은 함께 모여 가족회의를 했다. 양로원에 보낼지, 가족들이 힘을 합쳐 어머니를 돌볼지 의논하기 위한 자리였다. 어머니는 홀로 세 딸을 키웠고, 세 딸 모두 어머니의 고생을 알고 있어 쉽사리 요양원에 모신다는 선택지를 고를 수 없었다. 결국 어머니가 아직 가끔 기억이 있으시니, 셋이 돌아가며 어머니를 돌보자는 결론을 내게 되었다. 그 후 서로 돈을 모아 차례를 정해 정한 순서대로 어머니를 돌보았다.

그때부터 불행이 시작되었다. 어머니는 정신을 잃으니 자꾸만 보이지 않는 다른 딸을 찾았다. 첫째 딸의 집에 머물 때는 둘째와 셋째를 찾고, 둘째 딸의 집에 머물 때는 첫째와 셋째를 찾는 식이었다. 딸들 역시 어머니의 병시중을 하느라 많은 시간을 보내야만 되니 여러 사람을 만날 기회를 놓쳤고, 다니던 직장마저 그만두거나 옮기는 등 큰 고생을 하게 되었다.

치매에 걸린 사람은 기억을 심하게 혼동하고 때론 잘못된 정보를 진실이라고 믿으며 억지를 부리기도 한다. 그래서 손님들의 어머니 역시 집을 옮길 때마다 틈만 나면 저번 집에서는 자신을 잘 돌봐주지 않았다, 밥을 안 주었다 같은 말을 하며 가족들 사이에 분란을 만들었다. 오래 병시중을 하던 딸들 역시 어머니가 매번 싫은 소리를 하니 억울한 마음이 쌓였고 틈만 나면 자기들끼리 싸우기 시작했다. 직장 생활도 제대로 못 하게 되고, 그동안 맺어온 사람들 간의 관계도 멀어지게 되었다. 때때로 정신을 찾은 어머니가 울며 세 딸에게 사과

했지만 그것도 그때뿐이었다.

이러지도 못하고, 저러지도 못하는 상황이 되어 가족 모두의 운이 뒤엉켜버렸다. 그렇게 6년 동안 어머니를 돌보다보니 세 딸 모두 기력이 상해 많이 지쳤고, 일도 잘 풀리지 않았다. 또 오랫동안 어머니를 돌보았기 때문에 이제와 요양원에 어머니를 보낸다는 선택을 하는 것도 어려워졌다. 주변 사람들은 딸들에게 효녀라 칭찬했지만 그들 마음은 까맣게 타들어가고 있었다. 주변 사람의 시선과 그동안 보살펴온 시간에 대한 아까움 때문에 쉽게 다른 선택을 할 수 없게 된 것이다.

가장 무서운 것은 이 불행이 하나의 패턴이 되었다는 것이다. 이제는 이들 스스로 이 불행이 익숙하게 느껴져 도망치지도 극복하지도 못한다. 육 년을 힘겹게 보살펴 왔는데 이제 와서 어머니를 양로원에 보낸다면 어머니에게 이제 그만 죽으라고 말하는 것과 다를 바 없다는 것이었다. 그래서 그들은 지금까지 해온 것처럼 어머니를 돌보며 지내는 것 외에는 어떤 행동도 할 수 없었다. 나와 상담을 하는 시간에도 어머니를 돌봐야 했기 때문에 손님들은 옆 의자에 어머니를 앉혀두고 이야기를 하며 눈물을 펑펑 쏟았다.

그분들이 너무 안타까웠지만 그들에게 할 수 있는 조언이 많지 않았다.

"왜 불행의 구덩이에 다 같이 들어가려 하세요? 그곳에서 빠져

나와야 해요."

그들은 내 말에 아무런 대답을 하지 못했다. 어떻게 보면 자신을 희생해 다른 사람을 살피려 하는 것 역시 자기 위안과 만족일 뿐 모두를 불행 속에 넣는 행위일 수 있다. 손님들의 어머니 역시 자신의 딸들이 불행해지는 것을 바라지 않을 것이다.

문제는 그 불행에 스스로 익숙해지는 일에 있다. 그 불행이 내 삶을 이루는 루틴이 된다면 어느 순간 그 불행에서 벗어나고 싶어도 쉽게 빠져나올 수 없다. 만약 그럼에도 내가 그 길을 가야 한다면 견딜수 없는 위급한 상황이 될 때 내가 빠져나올 통로를 미리 마련해두어야 한다. 막연히 그 환경이 어느 순간 변화하길 바란다면 나중에 내가 그 환경에서 빠져나오고 싶을 때는 이미 늦을 수 있다.

앞서 운이 안 좋은 상황이면 빠져나와야 한다고 강조해 이야기했지만 운이 안 좋아진 환경이더라도 일시적으로 운이 좋지 않은 상황인지, 계속 운이 안 좋을 상황인지 잘 판단하는 것 역시 필요하다. 운이 잠시 움츠러들었다가 높아지는 경우도 많기 때문에 적절히 시기와 흐름을 파악하고 행동해야만 한다.

손님 중에 오래 사귄 애인과 헤어져야 할지 말지 고민한 끝에 나를 찾아온 사람이 있었다. 애인의 사업이 어려워져 두 사람의 관계가 위태로워진 것이다.

"이 사람과 함께하고 싶은 마음이 큰데 계속 사귀어야 할지 고민이 들어요."

손님은 애인과 지금은 관계가 좋지만 함께할 미래를 생각하면 불안한 마음이 든다고 했다. 차라리 함께 힘들어지기 전에 헤어지는 것이 나은 선택이 아닐까? 손님의 머릿속에 계속 의문이 생긴다는 것이다. 그런데 이야기를 듣고 운을 점치니 현재 잠시 어려운 시기이지만 손님의 애인은 2, 3년 후엔 사업으로 대박이 날 운명이었다.

"지금이 무척 어려운 시기이지만 몇 년 안에 사업 운이 있어요. 이 년 정도 그를 기다려주면, 그 사람도 지금의 고마움을 기억하고 손님에게 잘할 거예요."

사주를 보니 이 년만 기다리면 그의 운은 필 것이 분명했다. 나중에 들으니 손님 역시 내 조언을 믿고 계속 만남을 이어갔다고 한다.

이 년이 지나자 손님의 애인이 하고 있던 사업은 예상했던 대로 잘 풀리기 시작했다. 손님의 애인은 동대문에서 옷을 구매하는 도매업을 하고 있었는데, 당시에는 사업이 잘 풀리지 않았다. 하지만 끊임없이 도전한 끝에 직접 옷 브랜드를 만들었고, 그동안의 고생이 빛을 발하여 브랜드를 만들자마자 사업이 잘되기 시작했다. 그 후 손님의 애인은 브랜드 사업을 토대로 중국에 진출해 큰돈을 벌어들였다.

손님은 밝은 목소리로 후일담을 전해주었다. 손님 역시 그를 지지하고 응원하며 힘든 시간을 함께 버텨나갔을 것이다. 자신의 마음을 믿고 앞으로 나아간 손님의 선택이 있었기에 오랜 기다림 끝에 그 결실을 볼 수 있었다. 이렇게 내 조언으로 인해 누군가의 운이 더 나은 방향으로 트였을 때 나 역시 큰 행복을 느낀다.

그런데 일시적으로 운이 좋은 것인지 나쁜 것인지 어떻게 하면 알 수 있을까?

나처럼 공부를 통해 운을 점칠 수 있다면 좋겠지만, 그것이 어렵다면 먼저 자신의 주변을 살펴보면 알 수 있다. 주변을 둘러보았더니 한 사람만 힘든 것이 아니라, 그 사람의 옆도, 그 옆도 힘들다면 그곳은 이미 운이 떠난 장소이다. 운이 떠난 장소에선 앞으로의 미래를 기대할 수 없다. 그곳은 이미 운이 잘 안 풀리는 곳이 된 것이다. 운은 연쇄 작용이다. 마치 도미노처럼 하나가 쓰러지면 연달아 넘어진다. 만약 내 주변의 운이 전부 안 좋아 보인다면 잘 살펴보고 그 환경에서 벗어나야 한다. 만약 그곳에 계속 머문다면 다음에 쓰러질 사람은 내가 될 수 있다.

고 정주영 회장님의 어록 중에는 "해보기나 했어?"라는 유명한 말이 있다. 이 말은 생각만 하지 말고 실천하라는 뜻이다. 옛 고사 성어에도 '백문이 불여일견(百聞不如一見)'이라는 말이 있다. 백 번 듣는 것보다 한 번 보는 것이 낫다는 뜻이다. 하지만 요즘에는 '백견불여일체(百見不如一體)'라는 말이 마음에 더 와 닿는다. 백 번 보는 것보다

한 번 체험하고 행하는 것이 좋다. 생각만 해서는 절대 무엇도 이뤄지지 않는다. 바구니 안에 운이 가득 차 있다면 내가 움직여서 그 운을 뽑아야 한다. 뽑아서 맛을 보고 그것이 쓴지, 단지 확인해야 한다. 하지만 내가 상담한 사람 중 운이 안 좋은 대다수 사람들은 그 바구니를 가만히 보고 있기만 했다.

성공한 사람들은 맛을 본 후에 자신이 고른 것이 단지, 쓴지를 확인하고 뱉어야겠다, 삼켜야겠다는 판단을 빨리 한다. 그들은 환경이 변화하는 걸 두려워하지 않는다. 내가 가만히 멈춘 상태로 운이 없다고 생각하니 계속 운이 나빠지는 것이고, 행동하지 않으니 계속 불안해지는 것이다.

환경을 벗어나기 전 한 가지 조심해야 할 것이 있다. 운을 꺼내 삼킬 때 그 운이 마음에 안 들어도 뱉을 수 없는 상황이라면 새로운 운을 집어삼키는 것은 조심해야 한다. 아무리 다급해도 빠져나올 수 없는 문으로 들어간다면 나중에 다른 곳으로 피하고 싶어도 곤경에 처하고 만다. 마음이 조급한 사람은 케이크를 사기 전에 먼저 그 케이크가 어떤 맛인지 확인하지도 않은 채로 구매한다. 내가 좋아하는 맛인지, 싫어하는 맛인지 알지도 못한 채로 케이크를 구매한다면 막상 그 케이크를 먹었을 때 마음에 안 들어도 이미 늦은 것이다. 현재 운용할 수 있는 돈이 부족한데 사업에 투자한다면, 그 투자가 잘못된 것임을 알게 되어도 쉽게 그만둘 수가 없다. 불행을 피해 더 큰 불행으로 들어가게 된다.

폭언을 퍼붓는 가족에게서 벗어나기 위해 잘 알지 못하는 새로운 사람과 다급히 결혼하는 것 역시 비슷한 일이다. 결혼할 사람이 어떤 사람인지 충분히 알아본 후 앞으로 내 인생을 함께해도 괜찮을지 결정해야 하지만 당장의 도피처가 필요한 사람은 좌우를 살피지 않은 채 오직 앞만 보고 돌진한다. 하지만 새로운 환경이 또 다른 새로운 감옥이 될 수 있다.

결론적으로 빠져나올 수 있는 문을 만들어 놓지 않은 채, 무언가를 시작한다면 결국 불행해질 확률이 높다. 자신의 상황에 맞지 않는 일을 크게 저지른 후에는 그 일을 수습하기 위해 또 다른 에너지를 사용할 수밖에 없다. 스스로 운이 꼬이는 상황 속에 자신을 던져버린 것이다.

그러니 자신이 어떤 시작점에 서 있는지 명확히 인지한 채 새로운 환경을 만들거나 이동해야 한다. 남들의 시작점을 자신의 시작점으로 착각해 함부로 운을 집어 들면 나중에는 더 큰 위험에 처할 수밖에 없다.

Point!

1. 환경이 변하면 운도 변한다.
   운이 안 좋은 환경일 땐 과감히 움직여야 한다.

2. 환경을 변화시킬 때 자신에게 잘 맞는
   환경인지 스스로 먼저 파악해야 한다.

2장

돈 버는 운은
따로 있다

사주와 운은
어떻게 다른가

토요일마다 로또 발표를 기다리는 친구가 있다. 그는 우스갯소리로 자신은 로또를 사는 것이 아니라 매주 희망을 사는 거라고 말하며 월요일마다 로또를 구매한다. 심리학자 앨런 랭어는 우리가 로또를 사는 이유는 이 세상을 자기 마음대로 통제하고 싶은 욕구로부터 비롯된다고 이야기했다. 실제 로또를 샀을 때 느끼는 주관적 기대감과 행복감을 일주일의 활력소로 삼는 것이다. 그래서 사람들은 로또를 구매한 후 매일 자기 전, 로또에 당첨되면 무엇을 할지 상상하며 힘겨운 하루를 위로한다. 자신이 아닌 다른 사람이 로또에 당첨되어 벼락부자가 되었다는 소식을 들으면 언젠가 그런 일이 자신에게 올 수도 있을 것이라며 그 모습을 머릿속으로 그리기도 한다.

하지만 모두가 운만 좋으면 로또에 당첨될 수 있을까?

사주에서는 재운을 타고난 사람은 따로 있다고 말한다. 우리가 매일 밤 로또 당첨을 꿈꾸는 동안 실제 로또에 당첨되는 사람은 따로 있다는 것이다. 무참한 이야기지만 그것이 운의 흐름이다. 아무리 로또를 많이 사도 당신에게 재운이 깃들지 않았다면 있지도 않은 희망에 돈을 사용하는 것과 다름없다. 조금 과장해 말하자면 재운이 깃든 사람은 길을 걷다가도 쉽게 돈을 줍고, 평생 로또를 사지 않다가도 우연히 산 로또가 당첨될 수 있다. 그런 까닭에 평범한 사람이 타고난 재운을 지닌 사람과 겨루는 것은 이기지 못할 싸움을 계속하려 하는 것과 다름없다.

농구의 황제라 불리는 마이클 조던과 평범한 사람이 어느 날 농구로 겨루려 한다면 결과는 불 보듯 뻔하다. 아무리 백날 연습해봤자 농구 선수인 마이클 조던을 이기는 것은 어렵다. 마이클 조던 역시 시합을 한다면 최선을 다할 것이다. 내가 노력한다고 해서 그 역시 가만히 그것을 지켜만 보고 있지는 않을 것이다. 이런 예시를 든 이유는 그만큼 타고난 재능을 이기기 어렵다는 것을 이야기하기 위해서이다.

사주는 타고난 재능이라 할 수 있다.

그래서 이미 타고난 운을 가진 사람들을 무작정 이기려 한다면 나의 돈과 시간을 헛되이 쓸 수도 있다.

우리는 평생 자신을 남과 비교하며 살아간다. 좋은 집에서 태어난 사람과 내 환경을 비교하고, 능력을 갖춘 사람과 내 능력을 비교하며 그를 부러워한다. 그 사람의 운이 내 것이 될 수 있을 것이란 생각에 때론 잘못된 선택을 할 때도 있다. 자신에게 충분한 재능이 없음에도 그 길을 자꾸 도전한다면 내가 써야 할 에너지를 필요한 곳에 쓰지 않고 다른 곳에 쏟으며 낭비하는 것과 다름없다. 후회를 남기지 않기 위해 다양한 경험을 하는 것도 필요하지만 그 에너지를 적절히 분배하는 일 역시 중요하다. 일확천금을 얻고 싶다고 자신의 월급을 전부 로또를 사들이는 데 쓰는 사람은 없을 것이다. 그러니 내 자산을 어디에 사용할지 신중히 결정해야 한다. 안되는 일에 지나치게 시간을 쏟기 전에 자신이 잘할 수 있는 일을 찾고, 자신에게 기회를 줄 수 있는 선택을 해야만 한다.

재미있는 것은 재능과 운이 꼭 함께 하는 것은 아니라는 것이다. 우리에게도 잘 알려진 미술 작품 <해바라기>와 <별이 빛나는 밤>의 작가, 고흐의 일생을 보면 그 사실을 알 수 있다. 그의 작품은 미술사에 큰 획을 그었고, 지금도 많은 사람으로부터 사랑받고 있다. 그의 예술은 후대의 예술 흐름에도 큰 영향을 끼쳤으며 많은 매체에서 그를 위대한 사람으로 평가한다. 하지만 그의 그림은 살아생전 단 한 점밖에 팔리지 않았다. 그의 그림에 노란색이 많이 쓰인 이유 역시 도수 높은 술이라고 알려진 압생트 중독으로 황시증이 생겼기 때문이라는 추측이 있다. 황시증은 색이 변질되어 보이는 병을 뜻한다. 그가 동생 테오에게 보낸 편지에서 알 수 있듯이 그는 조울증, 경계성 인격 장애 등을 앓으며 힘겨운 나날을 보냈다. 그의 마지막 순간 역시 처참했다. 그는 스스로 자신의 귀를 자르고 생을 마감했다. 후대에는 널리 알려진 그의 재능은 결국 당시 그의 운을 이기지 못했다.

우리에게 잘 알려진 화가 폴 고갱 역시 마찬가지이다. 그의 미술 작품 역시 후대에는 널리 알려졌지만 살아생전 그는 병마와 약물 중독에 시달리다 생을 마감했다. 재능이 아무리 뛰어나도 가지고 있는 운이 그에 미치지 못할 때도 있는 것이다.

우리는 일상 속에서 이렇게 재능과 운이 엇갈리는 경우를 종종 볼 수 있다. 어떤 음식점은 뛰어나게 요리를 잘해도 장사가 잘되지 않는다. 하지만 음식이 맛이 없음에도 때와 터를 잘 잡아 장사가 잘되는 곳도 있다. 사람들이 줄을 서서 먹는 음식점 중에도 장사는 잘되지만 음식은 형편없는 곳이 있다.

그래서 내가 가진 재능과 내 운은 다를 수 있다.

내가 좋아하고 잘하는 것이 타고난 나의 사주라면, 그것이 잘될지 안될지는 운의 영역인 것이다.

우리에게 잘 알려진 음악가 모차르트는 재능과 운이 일치해 크게 성공한 사람이다. 모차르트와 살리에리 이야기는 누구나 한 번쯤 들어봤을 것이다. 영화 <아마데우스>에서도 다룬 이 일화는 살리에리의 시점으로 재능은 부족하지만 꿈이 큰 이의 안타까움을 그리고 있다. 살리에리는 자신보다 뛰어난 재능을 가지고 있는 모차르트를 보며 신에게 외친다.

"말씀해주십시오. 만약 제가 음악으로 찬미하길 원치 않으신다면 왜 그런 갈망을 심어주셨습니까. 욕망을 심으시곤 왜 재능을 주지 않으십니까."

살리에리와 모차르트의 불화는 실제로 이야기를 위해 과장된 것이라고 하지만 이 이야기에는 중요한 교훈이 있다. 살리에리가 아무리 재능을 갈구해도 모차르트의 재능을 가질 수 없던 것처럼 우리가 어떤 재능을 간절히 바란다고 해서 그것을 가질 수는 없다는 것이다. 살리에리는 당시 궁정 악장으로 권력을 가지고 있었다. 하지만 영화 속 살리에리는 자신이 간절히 원했던 재능을 얻는 데 실패했고 큰 고통을 느꼈다. 아무리 자신의 환경이 좋다고 하더라도 자신의 재능과 운이 일치되지 않는다면 누구나 이야기 속 살리에리처럼 불행하다고 느낄 수 있다.

물론 좋아하는 일을 하며 행복할 수 있지만, 그것 자체가 내 운을 피게 해주진 않는다. 무엇을 선택하든 그 길을 걷는 것은 오로지 자신의 몫이다. 행복한 순간에도 우리는 우리가 가지지 못한 것 때문에 충분히 상실감을 느낄 수 있고, 반대로 불행한 순간에도 내가 가진 재능과 능력으로 훌륭한 결과를 낼 수 있다.

달리 말하면 내 사주와 운의 길이 다르다고 해서 반드시 행복하거나, 반드시 불행해지지 않는다고 할 수 있다. 행복은 스스로 선택하는 것이며 그 선택에 대한 책임 역시 자신이 지는 것이다. 이기지 못할 싸움을 하는 순간에도 내가 행복하다면 때론 싸움을 이어나가기도 한다. 하지만 내게 주어진 상황이 무엇인지 파악한 후 그 결과를 맞이하는 것과 예상치 못한 결과를 맞이하는 것은 그 에너지의 크기가 다를 수밖에 없다. 내가 무엇을 선택하는지에 따라 내 인생의 행로도 바뀌기에 내가 원하는 것이 무엇인지 충분히 고민한 후 앞으로 나가야 한다.

Point!

1. 재능과 운이 반드시 일치하진 않는다.
2. 나의 상황을 잘 파악하고
   진정 내가 원하는 것을 선택해야 한다.

재운의 시기를
잡는 법

직장을 다닐지 말지 계속 고민되는가? 내게 상담을 받으러 오는 사람 중에는 직장을 계속 다닐지 말지 고민하는 사람들이 많다. 직장을 어느 정도 다니다 보면 불안한 시기가 찾아오고 그때가 되면 사람들은 변화를 꾀하려고 시도한다. 상담을 받으러 오는 이들 역시 불안한 마음에 변화를 만들기 위해 내게 찾아온 것이다. 마음이 불안으로 가득한 사람들은 이미 들어올 적부터 낯빛이 상당히 어둡다.

내게 찾아온 손님 중에 시청에서 근무하는 사람이 있었다. 그는 오랫동안 공무원 시험을 준비해 높은 직급으로 합격하였다. 어렵게 붙은 만큼 열심히 일하려고 노력했지만, 그는 금세 그 일이 자신에게 맞지 않는다는 걸 깨달았다. 그때부터 그는 스스로 불행하다고 느끼기 시작했다. 맞지 않는 일을 계속하다 보니 미칠 것 같았고 마음이 갑갑해 참을 수 없어 내게 찾아온 것이다.

"그러면 앞으로 어떤 일을 하고 싶으세요?"

내가 그에게 묻자 그는 주섬주섬 자신의 이야기를 시작했다.

"저는 서핑하는 걸 좋아해서 관련된 일을 해보고 싶어요."

내가 그의 운을 찬찬히 살펴보니 그의 직장 운 역시 끝나 있었다. 그래서 그에게 말했다.

"앞으로 좋아하시는 것과 관련된 일을 하셔도 잘될 것 같아요. 직장을 그만두시는 게 좋겠어요."

그러자 그는 조금 전의 반짝이는 눈빛을 거두고 다시 어두운 얼굴로 돌아가 말했다.

"그러고는 싶은데. 주변 사람들이 다 반대해요. 부모님도 반대하고. 만약에 제가 직장을 그만둔다면 저는 호적에서 파일지도 몰라요. 그리고 직장을 그만둔다면 결혼을 할 수 있을지도 잘 모르겠고요. 시험 준비도 오래 했었는데 이대로 그만두는 건 도망치는 것 같아서 포기 못 하겠어요."

그는 이미 마음속으로 그만두면 안 되는 수많은 이유를 자신에게 되뇌고 있었다. 그는 결국 내 조언에도 마음을 바꾸지 못한 채 고민을 그대로 안고 집으로 향했다. 그는 자신의 운이 변화할 시기가 바로 지금이라는 사실을 알지 못했을 것이다. 선택의 갈림길에서 바로 운의 차이가 시작된다. 그는 결국 직장을 계속 다니는 것을 선택했고 그의 운은 그 자리에 그대로 멈춰버렸다.

그런가 하면 내 조언을 들은 후 과감히 자신이 원하는 바를 찾아 진로를 변경한 손님도 있다. 나와 이야기를 하다 보니 자신이 원하는 것이 무엇인지 뒤늦게 깨닫게 된 것이다. 상담하다 보면 고민하는 것이 비슷한 손님을 만나는 경우가 꽤 있다. 다들 불안함을 느낄 때 나를 찾아오기 때문에 그 고민의 결 역시 비슷하다. 내게 찾아온 다른 손님 역시 앞서 말한 손님과 비슷한 고민을 하고 있었다.

나는 그에게도 비슷한 조언을 해주었다. 운이 바뀌었으니 일을 그만두고 본인이 좋아하는 바를 좇아가라는 것이었다. 앞의 손님이 여러 이유로 직장을 그만두지 않았던 것과 달리 두 번째 손님은 그 이야기를 듣고 과감히 직장을 그만두었다. 자신이 원하는 일을 하며 사는 것이 고통스러운 일을 하는 것보다 더 행복할 것이란 믿음이 있기에 가능한 일이었다.

전해 들은 소식에 의하면 두 번째 손님은 강원도 양양에서 카페와 서핑장을 운영하여 큰돈을 벌어들였고, 동남아시아 어딘가에도 펜션을 운영하고 있다고 한다. 공무원 일이 안정적이긴 했지만, 자신과 맞지 않아 힘이 들었는데 현재에는 만족스러운 일을 하며 수익도 크게 얻으니 행복할 따름이었다. 새로운 선택으로 인해 두 번째 손님의 운명은 완전히 바뀐 것이다.

첫 번째 찾아온 손님은 지금 어떻게 지내고 있을까?

그는 아직도 내게 찾아와 상담을 받고 있다. 그를 만난 지 7년이 되었지만, 그 고민은 사라지지 않고 계속되고 있다. 현재 세종에 사는 그는 6개월에 한 번씩 서울에 올라와 내게 자신의 힘든 상황을 이야기하고 간다. 가까운 거리가 아님에도 매번 나를 찾아와 상담을 받을 만큼 그는 힘겨워 보였다. 나는 그의 이야기를 열심히 귀 기울여 들어주지만 그 운명 자체를 바꾸려면 그가 스스로 움직이는 방법밖에 없다. 그도 자신이 무엇 때문에 힘든지, 그 고통을 없애기 위해서 어떻게 해야 하는지 잘 알고 있었다. 다만 그에게는 선택할 용기가 충분하지 않았다. 게다가 이미 시간이 많이 지체되었기 때문에 계속해서 변화 없이 삶을 이어나가는 것에 그 역시 익숙해졌다. 시간이 지나 연봉이 오르고 직책이 올라갈수록 더더욱 일을 그만둘 수 없는 이유는 늘어만 갔다. 재운이 들어올 운의 때를 잘 잡아야 하는데 한번 흐름을 놓치고 나니 운명을 바꾸기 쉽지 않아진 것이다.

그렇게 운의 때를 놓치고 나니 그는 의미 없이 자신을 불행하게 만드는 생활만 반복하게 되었다. 그러다 보니 나를 찾아오는 그의 얼굴은 점점 피폐해져 갔다. 점점 기운이 없어지고 한눈에 봐도 그가 울적한 사람이란 것을 알 수 있었다. 그는 일이 힘겨우니 돈을 벌어도 삶의 의미가 없다고 느꼈다. 그래서 그 스트레스를 풀기 위해 술을 마시는 등 유흥거리에만 몰두하였다. 그렇게 돈을 허비하는 습관을 들이니 재산을 모으는 일 역시 쉽지 않았다. 결국 악순환이 계속되었다. 또다시 돈 문제로 스트레스를 받은 그는 나를 찾아오게 되었다. 그의 일상은 변화되지 않은 채 안 좋은 방향으로 계속 흘렀다.

이런 손님들을 보면 안타까운 마음이 든다. 분명 그에게 맞는 때가 있었지만 그 시기를 놓치면서 후회 속에서 인생을 보내게 된 것이다. 그에게도 언젠가 또 다른 운의 기회가 찾아올 것이라 믿는다. 한 사람에게도 여러 번 운의 기회가 찾아오기 때문에 너무 낙담할 필요는 없다. 중요한 것은 그때를 대비해 그 역시 기회를 잡을 준비를 하고 있어야 한다는 것이다. 기회가 찾아왔을 때 그가 자신의 재운이 필 시기를 잘 파악하고 그때를 잡기를 바란다. 누구에게나 자신만의 때가 있다. 그때를 놓치지 말아야 한다.

하지만 운의 시기를 파악하기 위해 주의해야 할 점이 있다. 내 운의 흐름이 오로지 내 개인의 상황으로 결정되는 것은 아니라는 것이다. 인간은 사회적 동물이어서 우리 모두 큰 사회적 운의 흐름에 따라갈 수밖에 없다. 우리는 각각 조직과 국가라는 커다란 사회 안에 소속되어 있다. 현재 우리가 사는 대한민국의 상황이 어떠한지에 따라 내 운명 역시 크게 달라질 수 있다.

또 전 세계의 추세가 어떠한지 역시 내 운에 큰 영향을 미친다. 내 개인의 운은 사회적 운의 흐름을 좇아가는 경향이 있어서 그 운의 흐름을 어떻게 풀어나가는지가 무척 중요하다. 내가 아무리 어떤 일에 재능이 있더라도 그 산업 자체가 사회적으로 사양길에 접어든다면 그것을 좇아가는 일은 무모한 도전이 되어 버린다. 내가 아무리 긴 소매 옷을 좋아한다고 해도 따가운 햇볕이 내리쬐는 여름이 되면 자연스레 옷장에서 반팔 옷을 꺼내 입을 수밖에 없는 것과 같다.

또 내 사주의 명운과 대운이 반드시 일치하지 않는다는 점에서 운에 속지 않도록 조심해야 한다. 사주팔자는 계절학이라고도 이야기한다. 봄, 여름, 가을, 겨울 네 개의 계절로 우리의 생애를 나누어 대운이 언제 들어올지 살펴볼 수 있다. 하지만 계절은 사람마다 각자 다르게 들어온다.

봄의 기운이 오면 사람들은 무언가 공부하고 싶어지고, 새로운 것을 기획하고 싶어진다. 여름이 오면 청춘이 오듯 젊은 기운이 솟아나고 활동적으로 변한다. 가을이 되면 어떤 분야든 깊게 파고들고 싶고, 뭔가를 더 배우고 싶어진다. 그러다 겨울이 오면 생각이 더 많아져 누군가에게 무언가를 가르쳐주고 싶은 마음이 들어온다. 생각이 많아지므로 다른 곳으로 이동을 하려고 하거나, 글을 쓰거나 공부를 하고 싶어진다.

사주팔자는 그 사람의 기질과 성향을 나타낸다. 그래서 사람들은 그 기질과 성향에 따라 자신의 행동을 결정한다. 직장에 들어갈 거라고 다짐하거나, 공부할 것이라고 다짐하는 것도 이에 속한다. 그런데 이렇게 어떤 행위를 하고 있는데, 갑자기 여름 운이 들어온다면 어떻게 될까?

많은 사람의 불행이 여기에서부터 시작된다. 때론 사주와 운이 충돌하여 예상치 못한 방향으로 이끌기 때문이다. 머리가 좋고 똑똑한 기질과 성향을 가지고 있어 공부에 몰두하고 있던 사람에게 갑자기 여름 운이 들어오면 그는 인생의 큰 흔들림을 경험하게 된다. 공부하던 사람이 갑자기 활동적으로 변하고, 예술성이 높아져 자유로운 사고를 하게 된다면 그 운에 놀라 갑자기 돈을 벌고 싶어지고, 자신감이 넘치게 된다. 이런 경우 운에 속아 공부를 열심히 하던 사람도 갑자기 내가 사업을 해보면 어떨까? 하는 욕심을 가질 수 있다. 그리고 그 욕심이 커지면 자신도 모르게 큰일을 벌이려 하고, 실제 사업을 운영하려고 돈을 투자하는 일까지 발생하게 된다.

우리는 사주를 흔히 각자가 가진 재능으로 보는데 이렇게 되면 재능과 운이 서로 맞지 않아 인생이 크게 꼬이게 된다. 공부할 재능이 있는데도 운이 잘못 들어와 이 사람이 가야 할 행로를 아예 틀어버린 것이다. 운과 사주의 차이로 인해 벌어진 일이다.

운의 장난은 사람과 사람 사이에도 일어날 수 있다.

사주를 보면, 서로 좋아할 수밖에 없는 사이이지만 실제 운은 두 사람이 같이 살 수 없게 움직이는 경우가 있다. 그런 상황이 되면 셰익스피어의 작품 중 하나인 <로미오와 줄리엣>처럼 아무리 서로 좋아하는 사이라 하더라도 어쩔 수 없이 이별하고야 만다. 하지만 반대로 사주를 살펴보면 서로 너무나 맞지 않음에도 운이 두 사람을 함께할 운명으로 묶여 계속 함께하는 일도 있다. 이런 경우에는 서로를 원수처럼 미워하면서도 헤어지지 않고 계속 함께 살게 된다. 우리 주변에서도 그런 사람들을 흔하게 찾아볼 수 있을 것이다. 그렇게 서로에게 안 좋은 영향을 주면서도 함께 하던 이들 역시 그 운이 끝나게 되면 불현듯 이별을 맞이하게 된다.

사람들이 불같이 사랑에 빠졌다가 헤어지는 이유도 이와 같다. 어떤 사람을 만날 때 그의 단점이나 잘못된 모습마저 좋아 보이는 때가 있다. 콩깍지에 씌었다고 말하는 이 상태 역시 서로 운의 시기가 맞아 벌어지는 상태이다. 그 시기가 지난 후에는 그가 전과는 다른 바 없는 모습을 보여도 그 사람의 모습이 달라 보이고 내 마음에 안 들게 된다. 그 사람과의 운이 끝난 것이다.

옛말에 운칠기삼이라는 말이 있다. 사람이 살아가며 벌어지는 일의 성패는 운의 영향이 크고, 노력은 운과 비교하면 그 영향이 적다는 뜻이다. 공무원을 그만두고 서평장을 운영하기로 한 사람은 자신의 운과 재능이 일치함을 깨닫고 과감한 결정을 했다. 본인 스스로 자신이 사람을 좋아하고, 사람들을 만날 때 행복을 느끼는 사람이라는 것을 알고 있었기 때문이다. 잠시 공부 운이 들어와 공무원이라는 직업을 가지게 되었지만, 곧 자신에게 새롭게 들어온 운을 받아들이고 자신의 본래 재능과 운을 일치시켰다.

그렇게 내 재능과 내 운의 방향성이 정확히 일치했을 때 그것을 잘 알아차리고 행동으로 옮겨야 한다. 내가 만약 호랑이로 태어났다 하더라도 동물원에 갇혀 있다면 그 기개를 펼치진 못한다. 누군가가 계속 보살펴주기 때문에 살아가는 데 큰 지장은 없겠지만, 평생 철창에 갇혀 자유롭지 못할 것이다. 뻗어나가지 못하면 내가 호랑이라도 아무 소용이 없다. 그래서 내가 토끼로 태어났는지, 호랑이로 태어났는지 알고 나를 나와 맞는 환경으로 움직여야 한다. 나를 가두는 철창을 벗어나 내가 마음껏 뛰어다닐 수 있는 들판으로 이동해야 한다.

물론 살다 보면 내가 움직이지 않아도 운이 스스로 나를 찾아올 때가 있다. 우연히 운의 기회가 내게 찾아왔을 때 그 기회를 놓치지 않고 잡아야 한다. 이제는 우리에게 너무나 친숙한 사무용품 포스트 잇은 처음엔 실패한 발명품이었다. 강력한 접착제를 개발하려 했지만 쉽게 떼어지는 접착제를 개발하게 되어 난감하던 차에 그 실용성을 알아본 직원이 그 접착제를 활용해 포스트잇을 개발한 것이다. 지금은 누구나 유용하고 편리하게 사용하는 포스트잇도 그 쓰임새를 알아보지 못했더라면 실패한 발명품으로 남아 있을 수 있다. 하지만 기회를 놓치지 않고 활용한 사람이 있었기에 포스트잇은 지금껏 우리가 매일처럼 사용하는 제품이 됐다. 마찬가지로 우리에게 찾아온 운 역시 우리가 알아채지 못한다면 그대로 스쳐 지나갈 수 있다.

내가 상담했던 손님 중에는 프랜차이즈 카페로 큰 성공을 거둔 사람이 있다. 이 손님 역시 처음부터 자본이 많고, 미래가 탄탄히 준비된 사람은 아니었다. 손님은 목표한 대학에 다 떨어지고 난 후 할 일이 없어 어쩔 수 없이 고등학교 졸업 후 첫 사회 생활을 바로 시작했다. 손님은 졸업하자마자 카페에서 아르바이트로 일을 배웠다. 다른 손님들처럼 이 손님 역시 자신이 하는 일이 자신에게 맞는 일인지 고민하고 있었다. 손님이 처음 내게 찾아온 것 역시 그 고민을 해결하기 위해서였다.

"제가 앞으로 이 일을 계속해야 할지 말지 고민이 돼요."

자세히 이야기를 들어보니 일하는 카페의 사장이 워낙 일에 관심이 없어 아르바이트생인 손님에게 가게의 모든 일을 다 떠맡겨 고민이 생긴 것이다. 같이 일하는 사람들 역시 카페 일에 관심이 없어 어느새 손님 혼자 모든 일을 도맡아 하게 되었다.

"일이 재미있긴 한데 너무 힘이 들어요. 제가 해야만 하는 일이 너무 많아요. 아무도 도와주지도 않고요."

손님은 아르바이트로 카페 일을 시작했기 때문에 적은 월급을 받고 있었다. 월급이 적음에도 해야 할 일이 점차 늘어나니 앞으로의 미래가 점점 걱정되기 시작한 것이다. 그래서 그는 오랜 고민 끝에 일을 계속해야 말지 선택하기 위해 내게 찾아와 조언을 구했다. 이야기를 들으며. 그의 사주와 운을 점치니 그 일이 손님에게 잘 맞았고, 손님 역시 적성을 타고난 것처럼 보였다. 좋은 결과가 보였기 때문에 나는 환히 웃으며 손님에게 말했다.

"이 일이 손님에게 정말 잘 맞을 것 같아요. 지금은 힘들지만, 나중에 손님이 자기 일을 시작할 때 큰 도움이 될 것 같으니 한번 배워 보세요. 어떻게 보면 지금이 기회가 될 수 있어요. 대기업에 들어가면 자신이 맡은 일만 하면 되지만, 손님 같은 경우엔 직접 카페에서 다양한 일을 경험해볼 수 있으니 나중에 큰 자산이 될 거예요."

손님은 내 얘기를 듣더니 실은 자신도 지금 하는 일이 마음에 든다고 말하였다. 다만 자신이 그 환경을 버틸 수 있을지 걱정이 되어 나를 찾아온 것이다. 내 이야기를 듣고 나니 오히려 마음이 편해진 그는 흔쾌히 웃으며 돌아갔다.

그 후 손님은 자기 일이 아니라고 생각했을 때는 힘들고 짜증이 나던 일들이 생각을 바꾸고 나니 달리 보이게 되었다고 이야기했다.

일하며 막막하고 힘든 순간 역시 많았지만, 일하고 있는 분야에 관심이 생긴 덕분에 더욱 적극적으로 새로운 일을 맡아 기획했다. 우연히 다른 카페에서 음료와 함께 빵을 판다는 사실을 알게 된 후, 손님은 자신의 가게에서도 빵을 팔면 좋겠다는 생각이 들어 주변 빵집을 조사해 빵을 공수해왔다. 지금은 카페에서 흔히 케이크나 빵 같은 디저트를 취급하지만, 당시에는 디저트를 취급하는 카페가 많지 않았다.

자신에게 새로운 일이 맡겨졌을 때 대부분 그 일이 자기 일이 아니라 생각하면 일을 그만두거나 항의를 한다. 하지만 손님은 일에 관한 욕심이 있었기에 스스로 발품을 팔며 직접 기획까지 한 것이다. 예상했던 대로 카페에서 빵을 팔자 손님이 몰리기 시작했고, 매출 역시 크게 상승했다. 빵을 팔기 시작하자, 어느 날부터 "케이크는 없어요?"라고 물어보는 손님 역시 늘어났다. 손님은 멈추지 않고 자신의 주변 친구 중 케이크를 만드는 친구를 수소문해 카페에 케이크를 납품해달라고 부탁했다.

손님은 다른 경쟁 업체에서는 어떤 빵이 인기가 있는지 조사해보고 이를 자신이 일하고 있는 카페에 적용했다. 또 항상 고객의 요청 사항에 귀를 기울여 카페에 불편한 점이 생기거나 필요한 것이 생기면 즉각적으로 빠르게 대응했다. 그러자 고객의 만족도는 높아질 수밖에 없었고 매출 역시 크게 상승했다.

그렇게 6개월이 지난 후, 손님은 다시 한번 나를 찾아왔다. 이번에는 전혀 다른 새로운 고민이었다. 카페 사장이 개인적인 이유로 현재 손님이 일하고 있는 카페 영업을 그만두려 하는데, 손님에게 자신의 카페를 인수하지 않겠느냐고 제안한 것이다. 매출은 잘 나오지만, 본인에겐 적성에 맞지 않는다는 이유였다. 카페 사장은 그동안 손님이 너무나 열심히 일했기 때문에 권리금을 받지 않은 채 카페를 넘기겠다고 이야기했다. 만약 손님에게 보증금이 충분하지 않다면 분할로 납부해도 괜찮다고 파격적인 조건을 걸었다. 카페 사장은 카페를 넘긴 후에는 곧 외국으로 떠날 것이기 때문에 손님이 카페를 인수했으면 좋겠다고 손님을 설득했다. 손님은 좋은 제안이지만 자신이 감당하기엔 너무나 큰 결정이기에 결심하기가 망설여진다고 말하였다.

"제가 카페 운영을 잘할 수 있을까요?"

나는 그동안 손님이 일하는 이야기를 종종 전해 들었기 때문에 그가 일한다면 충분히 잘해내리라는 확신이 있었다. 게다가 손님에게는 재운을 얻을 수 있는 너무나 좋은 기회였다. 나는 손님에게 자신감을 불어넣어 주며 말했다.

"손님에게는 지금 재운이 들어올 때예요. 한번 해보세요. 혹시 지금 실패하더라도 손해는 보지 않을 거예요."

일반 사람은 자신에게 재운이 들어와도 그것이 재운인지 잘 알아차리지 못한다. 하지만 상담을 하는 사람은 그 사람의 운을 자세히

보다 보면 어떤 사람의 운이 곧 터진다는 것을 예감할 수 있다. 이 손님 같은 경우에는 바로 그때였다.

손님이 카페를 인수하고 얼마 지나지 않아 바로 운이 트이기 시작했다. 운이 이동하느라 처음 일주일간은 손님이 오지 않아 걱정했지만, 일주일이 지나자마자 곧 사람들이 몰리기 시작했다. 영업이 잘되자 곧 사람들에게 입소문이 났다.

얼마 지나지 않아 다시 나를 찾아온 손님에겐 또다시 새로운 운의 흐름이 보였다.

"얼마 전에 카페에 프랜차이즈 요청이 들어왔어요. 프랜차이즈는 생각지도 않았던 일이라 정말 고민이 많이 돼요."

프랜차이즈 사업을 한다는 건 지금껏 하던 고민과는 또 다른 고민이었다. 내 개인 카페를 운영하는 것과 새로운 사업을 여는 것은 결이 다르므로 손님은 고민할 수밖에 없었다. '지금 하는 일보다도 해야 하는 일이 늘어나는데 그 일까지 전부 잘할 수 있을까?'라는 생각에 두려워진 것이다. 게다가 지금껏 해왔던 일이 전부 성공을 거두니 더욱 겁이 날 수밖에 없었다. 이제는 실패할 때가 찾아와도 이상하지 않았다. 하지만 손님의 운을 살펴보니 여전히 그 재운은 크게 치솟을 운이었다.

"이때를 위해 지금까지 경험을 쌓아온 거예요. 프랜차이즈 사업을 하셔도 분명히 살릴 겁니다."

아르바이트 일을 하며 직접 커피 내리는 것을 배우고, 케이크와 빵을 납품하는 경험을 하며 자신도 모르는 새 손님은 부쩍 성장하게 되었다. 그때의 힘겨운 시간이 이 손님이 성장하는 데 큰 도움이 되었다. 제품을 발굴하기 위해 직접 발로 뛰며 찾다 보니 자신만의 거래처가 생겼고, 그로 인해 많은 사람을 만날 수 있었다. 필요한 때에 자신을 도와줄 수 있는 사람이 많은 것 역시 손님에게 큰 재산이 되었다. 행운이 들어올 때는 이렇게 운을 가장해 들어온다. 운이 제대로 들어오면 내 주변 사람들 역시 내게 적대적인 모습을 보이지 않고 나를 위해 적극적으로 호응해준다.

손님은 첫 프랜차이즈 계약을 무사히 마쳤다. 손님의 재운은 상승 기류를 타고 있었다. 운의 흐름이 좋으니 그 영향을 받아 첫 프랜차이즈 가게 역시 크게 성공했다. 첫 프랜차이즈 가게가 잘되자, 다른 곳에서도 그 소식을 듣고 연이어 손님에게 계약을 요청했다. 손님은 지금은 전국에 프랜차이즈를 둔 사장님이 되었다.

아직도 손님은 가끔 내게 찾아와 중요한 선택이 있을 때 의견을 구한다. 그는 정확히 언제인지는 때는 알지 못하지만, 자신의 상황이 바뀌고 있다는 것을 본능적으로 빠르게 인지하는 편이다. 손님이 내게 찾아온 순간은 자신의 인생이 크게 바뀔 수 있는 선택의 갈림길에 서 있을 때였다.

어떤 사람은 자신의 인생이 바뀔 수 있는 갈림길에 서 있을 때도 그 순간이 자신에게 어떤 의미인지 알아차리지 못한다. 하지만 이 손님 같은 경우엔 자신에게 기회가 찾아왔을 때 그것이 기회가 될 것인지 아닌지를 먼저 고민한 후 내게 찾아왔다.

그는 나뿐만이 아니라 많은 사람에게 자신에게 기회가 찾아왔는지 아닌지 확인해보았다고 말하였다. 자신에게 어떤 때가 찾아온 것은 분명히 인지하지만 그것이 행운인지 불행인지 판단할 수 없어 주변인의 도움을 구한 것이다. 그래서 운이 들어올 때는 빠른 결단력으로 실행에 옮기고, 운이 쉬어 가는 때에는 스스로 내려놓으며 항로를 수정했다. 위험을 줄이고 자기만의 길을 개척해나간 셈이다.

재운을 잡는 것은 무척 어려운 일이지만 이 손님처럼 자신에게 찾아온 기회의 순간을 놓치지 말고 잡는 것이 중요하다.

Point!

1. 운의 시기를 놓치지 말아야 한다.
2. 나를 둘러싼 환경을 잘 파악한 후,
   내게 어울리는 환경으로 움직여야 한다.
3. 운이 내게 찾아왔을 때 그 기회를 잘 잡아야 한다.

운을 얻는
투자 방법

돈을 모으기 위해서는 어떻게 해야 할까?

옛날에는 저축만이 답이었다. 악착같이 아끼고 생활하며 절약하는 것이 부자가 되는 지름길이었다. 인색한 사람을 두고 자린고비라 부르기도 했지만, 근검절약은 늘 어디에서나 강조되는 말이었다.

사람마다 각자의 환경과 기준에 따라 저축하는 금액은 저마다 다르다. 백만 원을 저축하는 사람이 있고, 천만 원을 저축하는 사람이 있다. 하지만 얼마를 저축하느냐와 크게 상관없이 어느 순간이 되면 돈 역시 움직여야 한다. 운이 움직여야 새로운 운이 도는 것처럼, 돈 역시도 돌고 돌아야 더 큰 돈을 가져다준다.

예전에는 은행에 돈을 저금하면 이자율이 높아 돈이 스스로 움직였다. 10원을 저금하면 15원이 되고, 20원이 되었다. 그런데 요즘은 은행에 돈을 저축해도 이자율 자체가 낮아서 오히려 물가 상승률을 고려하면 마이너스가 될 수도 있다. 예전처럼 돈이 굴러 가지지 않는다고 볼 수 있다. 운의 흐름이 빨라졌기 때문에 그만큼 돈이 움직이는 원리 역시 변화하였다.

하지만 돈을 움직이라는 이야기가 함부로 지출을 늘리라는 뜻은 아니다. 돈을 움직이게 하기 위해서는 당연히 내가 여유를 가지고 움직일 수 있는 돈을 가지고 있어야 한다. 어느 정도 내게 운용할 수 있는 돈이 생긴 그다음에야 돈을 안전히 움직일 수 있다. 나에게 충분한 돈이 없음에도 돈을 얻기 위해 함부로 낭비하는 것은 재운을 불러일으키는 움직임이 아니다. 오히려 조급하거나 다급한 마음으로 돈을 움직이면 크게 화를 입을 수 있다. 중요한 점은 적당한 곳에 돈을 움직여야 한다는 점이다.

나에게 필요한 부분에 돈을 쓸 줄 아는 것은 돈을 불리는 방법이다. 그렇다면 어떻게 하면 적당한 곳에 돈을 써서 돈이 스스로 움직이게 할 수 있을까? 사람들 대부분은 돈을 쓸 줄 알지만 잘 쓰는 법은 알지 못한다. 돈을 잘 쓰는 방법의 하나는 바로 자기 자신에게 투자하는 방법이다.

내 손님 중에는 공유 주방 운영으로 크게 성공한 손님이 있다. 이 손님은 자신에게 투자를 할 줄 아는 손님이었다. 우리는 흔히 태권도에서 검은 띠로 올라가기 전, 빨간 띠를 가진 사람이 제일 무섭다고 이야기한다. 제일 최고점을 찍기 전, 바로 그 아래 상태가 가장 겁이 없기 때문이다. 사람들은 어느 정도 준비가 되어있어도 경험이 없어 아무것도 모르는 상태일 때 가장 의욕이 넘친다. 상담하는 사람들 사이에서는 기운이나 기세라고 하는데 바로 이 기운과 기세가 가장 충만할 때가 빨간 띠의 상태이다.

손님이 나를 찾아왔을 때, 그는 이미 자신에게 투자하려는 마음을 가지고 있었다. 그는 회사를 그만둔 상태로 무엇을 해야 할지 고민하고 있었다.

"손님은 무엇을 잘하세요?"

내가 물어보니 그는 냉큼 대답했다.

"음……. 저는 라면 끓이는 걸 잘해요."

다소 황당한 대답이었다. 그의 이력을 들어보니 자격증도 없고, 학력도 높은 편이 아니라 취업 준비를 해도 잘되지 않았다. 그렇지만 상황 파악이 빨랐던 그는 시장이 더 치열해지기 전에 사업을 시작하고자 마음먹었다.

"제가 자취를 오래 해서 라면 끓이는 데는 자신 있어요."

운을 점쳐보니 여러 굴곡이 보이지만 가능성이 있어 보였다. 나는 한 번 더 마지막으로 그에게 확인했다.

"꼭 사업을 해보고 싶으세요?"

그러자 그는 무조건 사업을 꼭 해보고 싶다고 의사를 밝혔다. 그의 의지는 확고했다.

"손님 뜻이 그러하다면 한번 도전해보세요. 한 번에 성공하기란 쉽지 않아 보이지만 계속하다 보면 잘될 운이 보여요. 하지만 그 전까지 고생할 수도 있어요."

사업에 필요한 자금은 충분하냐는 내 물음에 그는 청년들을 위한 공유 주방을 조사했다고 했다. 초기 사업 자금이 넉넉지 않으니 공유 주방으로 처음 사업을 시작하는 것이 나쁘지 않아 보였다. 하지만 무엇을 어떻게 팔아야 할지 사업 아이템을 정하기가 쉽지 않았다. 하지만 아무리 생각해도 배달 음식으로 라면을 판다면 성공할 수 있을 것 같지 않았다. 그래서 나는 라면 말고 사람들이 배달로 자주 먹을 것 같은 음식을 팔아보는 것이 어떻겠냐고 역으로 제안했다. 사람들이 많이 찾는 음식을 찾아보니 제일 쉽게 접근할 수 있는 음식이 떡볶이였다. 그 손님은 그 후 장사가 잘되는 가게의 떡볶이를 찾아다니며 레시피를 분석했다. 그리고 그 레시피를 연습해 사업에 뛰어들었다.

그래서 그는 떡볶이로 성공했을까? 아니었다. 오랫동안 떡볶이를 팔아온 다른 음식점에 비해 솜씨도 부족했고 공부한 음식도 오로지 떡볶이뿐이니 다양한 메뉴를 원하는 소비자들을 사로잡기엔 역부족이었다. 하지만 그가 큰 성공을 거둔 분야는 따로 있었다.

손님은 자신의 음식은 잘 안 팔리지만 함께 일하고 있는 주방의 다른 사람들 음식이 잘 팔리니 그들을 도와주며 친분을 쌓았다. 자신의 장사가 안되는 만큼 옆 주방의 음식을 도와주거나, 배달을 도와줬다. 함께 일했던 사람들 역시 가장 나이가 젊은 사람이 열심히 일하는 걸 보니 마음이 쓰였는지 그를 계속 도와주었다.

6개월간 일하며, 손님은 자신이 요리에 적성이 없다는 걸 깨달았다. 하지만 주변 주방을 도와 일을 하다 보니 자신이 공유 주방 내의 시스템을 관리하고 운영하는 일에 재능이 있다는 걸 깨달았다. 여러 주방 일을 동시에 돕다 보니 어떤 곳에서 어떤 상품이 잘되는지, 어떤 부분을 고치면 더욱더 잘될 수 있는지 눈에 보이게 되었다. 자신이 사업을 운영할 땐 어떻게 하면 사업이 잘될지 해답을 찾기 어려웠지만, 제삼자의 눈으로 다른 가게를 살피니 장사가 잘되는 곳이 왜 인기 있는지 파악할 수 있었다. 그렇게 다른 가게를 분석하다 보니 다른 주방은 어떻게 운영하는지 관심이 생겨났다. 그래서 위생 관리 등 놓치기 쉬운 부분을 찾아내 함께 일하고 있는 가게 사장님들과 공유했다. 손님은 다른 주방의 일을 도와주며 잘 안되는 주방이 잘되려면 무엇을 해야 하는지 컨설팅을 해주었고 주방 사장님들 역시 그 조언을 받아들여 매출을 끌어올릴 수 있었다. 평소 손님이 열심히 해왔던 모습을 지켜봤기 때문에 그의 조언을 신뢰할 수 있다고 받아들인 것이다. 그렇게 일을 하다 보니 공유 주방 사장님들이 역으로 손님에게 제안했다.

그때까지 공유 주방은 프랜차이즈 사업이 아니었다. 장소를 임대해 서로 값을 나누는 시스템이었는데, 공유 주방 사장님들은 이 손님에게 투자할 테니 공유 주방을 프랜차이즈화하자고 제안했다. 그래서 손님은 가게 사장님들의 투자를 받아 공유 주방 프랜차이즈 사업을 시작하게 되었다. 손님과 같이 자본이 부족하지만, 창업에 관심이 많은 자영업자는 손님이 운영하는 프랜차이즈 사업에 큰 관심을 보였다. 공유 주방은 손님이 성공으로 다가가는 발판이 되었다. 지금 손님은 전국에 공유 주방 프랜차이즈를 둔 사장님이 되었다.

만약 손님이 두려움에 아무것도 시작하지 않았더라면 지금과 같은 성과는 없었을 것이다. 하지만 손님은 자신의 미래에 투자하기로 했고, 과감히 이를 실행했다. 주변에서는 차라리 돈을 모으는 게 낫지 않겠느냐고 만류하는 사람도 많았지만, 손님은 자신을 믿고 앞으로 나아갔다.

처음부터 모든 일을 경험한 후 시작하는 사람은 아무도 없다.

누구나 처음 결혼을 하고, 처음으로 사업을 시작하는 때가 있다. 첫 직장에 근무한 경험 없이 두 번째 직장부터 일을 시작하는 사람은 없다. 물론 완전히 준비된 상태로 일을 시작한다면 그 결과 역시 좋겠지만, 준비가 다 되기를 기다리다가 때를 놓치는 사람 역시 매우 많다. 손님 역시 돈이 충분하고, 요리를 잘하기 때문에 일을 시작한 것은 아니었다. 성공할 수 있다는 믿음이 확실했고 자신에게 투자하고자 결심했기 때문에 그 확신을 믿은 것이다. 그리고 일을 시작한 후에는 요행을 부리지 않고 자신이 하고자 하는 일에 매진했다.

때론 목표를 세우고 준비하다 보면 자신이 하염없이 부족한 것 같아 시작의 때를 놓치기도 한다. 오래 공부를 하다 보면 아무리 많이 공부했어도 아는 게 현저히 부족하다고 느껴지기도 한다. 그래서 완벽하게 준비를 하려고 하는 것보다 자신의 때와 시기를 잘 파악하고 자신의 가치에 투자하는 일이 무척 중요하다.

경험이 반드시 실력과 정비례하지는 않는다. 20년, 30년 요리한 사람보다 3년, 4년 요리한 사람이 트렌드를 잘 알 수도 있고 사람들을 사로잡는 요리도 만들 수 있다. 한마디로 내가 기회가 있을 때 그 분야에서 얼마큼 열심히 하는지가 중요한 것이다. 행운의 때는 경험이 적든, 많든 내가 준비되었든 아니든, 때가 되면 무조건 들어온다. 그때 자신에게 투자하고 움직이는 사람과 소극적으로 행동하는 사람은 받아들이는 운의 크기가 다를 수밖에 없다. 그래서 경험이 많

은 사람보다 적절하게 움직이는 사람에게 더 큰 성공의 기회가 돌아
간다.

　하지만 나를 위해 돈을 쓰는 것이 모두 나에게 투자하는 것은 아
니다. 내 감정에 사로잡혀 돈을 쓰는 것은 투자와는 다르다. 사람들
은 때때로 감정에 휩쓸려 소비한 후, 그것을 자신을 위한 투자라고
착각한다. 회사에서 부당한 대우를 당하고 집에 돌아와 필요하지도
않은 물건을 잔뜩 사고는 자신의 감정을 가라앉혔다는 이유로 꽤 괜
찮은 소비를 했다고 생각한다. 하지만 정말 그럴까? 애초에 목적했던
소비가 아니므로 막상 물건이 도착하면 물건을 샀을 때의 감정보다
더 공허한 느낌을 받을 수 있다.

　올바른 소비는 나의 가치를 끌어올릴 수 있는 투자가 되어야 한
다. 사람들은 종종 자신의 소비를 정당화하며 자신이 마땅히 써야 할
곳에 돈을 사용했다고 생각한다. 하지만 자세히 들여다보면 정말 자
신에게 필요하지 않은 부분에 돈을 쓸 때가 많다. 그래서 나를 위한
투자가 무엇인지 정확히 아는 것이 첫 시작이다. 나의 가능성을 끌어
올리고 내 가치를 더 높이기 위한 투자가 무엇인지 찾는 것이다. 만
약에 내가 한식 요리사지만 양식과 중식 등 다양한 요리를 배우는
데 나의 돈을 투자한다면 내 요리 실력은 더욱 풍부해지고 발전할
수 있다. 다양한 요리를 할 수 있게 된다면 요리사로서 나의 가치를

높일 수 있다. 내가 가게를 가진 오너라면 매출이 늘어날 것이고, 현재 다른 가게에서 일하고 있다면 내 급여가 올라갈 수 있다. 그러나 요리사가 요리 실력을 투자하기보다는 신기한 요리 도구를 사들이거나 요리 실력보단 외모 가꾸기에 더 열심히 투자한다면 처음엔 사람들의 시선을 끌어 한순간 인기를 끌 수 있겠지만 결국 장기적으로 보면 실력이 탄로 나 문제가 될 수 있다. 투자의 기본 원칙은 지속적인 가치 상승을 끌어내는 것이다. 앞서 말한 투자는 가치 상승을 끌어내지 못했기 때문에 잘못된 투자라고 볼 수 있다.

물가에서 물고기를 잡을 때, 어떤 사람은 낚싯대 하나만 들고 와 던진다. 하지만 다른 사람은 돈을 좀 더 투자해 그물을 사서 던진다. 그물을 던진 사람이 당연히 더 많은 물고기를 잡을 확률이 높다. 그물에 투자한 사람이 더 많은 소비를 했지만, 물고기를 많이 잡겠다는 목표에 맞게 올바른 소비를 했다고 할 수 있다.

물론 투자가 나의 재능과 반드시 상응되지 않는 경우가 있다. 나에게 충분한 능력과 재능이 없음에도 때론 좋은 기회가 들어오기도 한다. 채 준비가 되지 않은 상황에도 갑작스레 사업의 운이 들어와 내 운명을 바꿔놓을 수도 있다. 만약 급작스레 사업의 운이 들어온다면 빠르게 자신에게 들어온 운이 무엇인지 확인한 후 그 운에 맞게 투자해야 한다. 기회를 잘 살려 내가 잘되는 길에 투자하는 것이 무엇보다 중요하다.

나에게 투자를 한다고 하면 남에게 인색하게 굴어야 한다고 생각하는 사람이 많다. 다른 사람에게 투자하는 것 역시 나에게 투자하는 것과 다르지 않다. 나를 위해 돈을 쓰는 것만이 자신을 위한 투자라고 생각하면 안 된다. 그런 사람은 사람들을 만날 때 굉장히 인색해 지갑을 열지 않는다. 종종 자신의 친구 중에 계산할 때만 되면 화장실에 가거나, 전화를 받으러 사라지는 친구가 있다는 하소연이 들려오기도 한다. 하지만 자기 돈을 아끼며 인색한 사람 곁에는 사람이 남지 않는다. 사람 중엔 나에게 도움이 되지 않는 사람도 물론 있겠지만, 내게 도움을 줄 수 있는 사람 역시 많이 있다. 그래서 주변 사람에게 인색하게 구는 것은 곧 자신을 위한 투자에 실패하는 것이다.

방송에서 성공한 연예인의 이야기를 들어보면 그가 후배들을 위해 밥을 사거나, 어려운 사람들을 위해 지갑을 잘 열었다는 미담을 종종 들을 수 있다. 그들이 그렇게 성공할 수 있었던 이유 역시 바로 그 씀씀이에서 알 수 있다. 내가 열 사람에게 호의를 베푼다면, 그중 적어도 반은 내게 호감을 느낄 것이고 내게 도움이 필요한 상황이 온다면 그중 몇 사람은 내게 도움을 줄 수 있다. 따라서 이 또한 나를 위한 투자가 될 수 있다. 그러나 인색한 사람이 위기에 처할 땐 아무도 도와주려 손을 내밀지 않는다. 그 역시 남들에게 도움의 손길을 내어주지 않았기 때문이다.

내가 남들에게 도움을 주지 않았던 것처럼, 내게 도움의 손길을 내밀 사람도 없다. 그래서 힘겨운 상황이 되거나, 도움이 필요한 순간이 되었을 때 나를 위해 움직이는 사람이 없다면 자신의 인생을 돌이켜 생각해보아야 한다. 내가 베풀고 살았다면 나를 위해 움직이는 사람들 역시 많을 것이다.

그래서 인색한 사람은 복이 있다고 해도 그 복주머니는 조그마할 수밖에 없다. 들어오고 나오는 것이 있어야 주머니의 크기 역시 넓힐 수 있는데 늘 주머니가 굳게 닫혀 있다 보니 크기가 작을 수밖에 없다. 아무리 큰 운이 들어온다 하더라도 복주머니 자체가 작으면 운이 옆으로 새게 되어 있다. 인색하다는 것은 그만큼 내 운의 크기 역시 작아진다는 것을 뜻한다. 그래서 사람들에게 베풀고 사는 것은 결국 나에게 큰 행운으로 되돌아온다. 주변에서 나를 어떻게 생각하는지 그 평판에 따라 나에게 들어오는 돈의 크기도 달라지는 것이다. 그래서 나라에 큰 전쟁이 일어났을 때 지주들이 곳간을 열고 사람들을 도와주는 것 역시 자신의 부를 쌓는 것이다.

정기적으로 나를 찾아오는 손님 중에 결혼을 목전에 두고서 매번 파혼한 사람이 있다. 손님은 나를 찾아와 마주하기만 하면 불만을 토로했다.

"선생님. 저는 도대체 언제 결혼하죠? 어떻게 하면 제가 행복해질 수 있을까요? 제가 언제 좋은 남자를 만날 수 있을까요?"

가만히 이 손님을 살펴보면 항상 걱정이 많았다. 하지만 그 걱정을 들여다보면 주변 사람에 관한 것은 하나도 없고 오로지 자신을 향한 것뿐이었다. 이 손님 같은 경우엔 집안이 워낙 잘 살아 살면서 어려움을 겪은 적이 크게 없었고, 외모도 남들이 보기에 뛰어나 인기도 많았다. 그런데도 항상 일이 잘 안 풀려 나를 찾아와 걱정거리를 한가득 풀어놓았다.

"손님 같은 경우에는 다른 사람에게 자신이 가진 것을 나눠보는 게 좋을 것 같아요."

이 손님의 문제는 자신이 가진 것을 남에게 주려고 하지 않는 것이었다. 좋은 집안에서 어려움 없이 자랐지만, 그 때문에 손님 스스로 남에게 노력하지 않고 늘 받으려고 하는 상황이 이어졌다. 받는 것에만 익숙한 사람 역시 남에게 주는 것을 잘하지 못한다.

운이란 것도 마찬가지여서, 남에게 나눠야 그 빈 곳에 새로운 운이 들어온다. 내 내면이 쓸모없는 것들로 가득 차 있으면 더 새로운 무언가가 들어오기 힘들다. 그래서 불교에서도 비움을 이야기하고, 기독교에서도 내려놓음을 이야기하는 것이다. 꼭 종교적 의식이 아니더라도 일반 사람에게도 그런 비움의 과정이 필요하다. 내 것에 집착하는 사람은 그만큼 운을 얻지 못한다. 누군가 나에게 밥을 샀으면 나 역시 한 번은 그에게 보답해야 한다. 그런데 받는 것에 익숙해진 사람은 그 한 번의 대접조차 인색하게 군다. 그래서 나는 손님이 찾아올 때마다 매번 강조해 말했다.

"절대 남에게 받으려고만 하면 안 됩니다. 물을 따라야 그 빈자리에 새로운 물을 따를 수 있듯이 계속 비워 내다보면 새로운 운이 들어 올 거예요."

하지만 그 손님은 이미 받는 것에 너무 익숙해져 남에게 뭔가를 베푸는 것 자체를 어려워했다. 그러다 보니 늘 채우려고만 하고, 그 채움이 완전하지 못하니 공허한 마음만 계속 쌓이게 되었다. 아무리 채우려 해도 채워지는 느낌이 나지 않으니 늘 걱정과 불안으로 위태로워 보였다. 그 손님 역시 다른 사람에게 자신의 것을 베풀며 비워 나갔으면 자신이 바라는 미래에 조금 더 가까이 다가갈 수 있었을 것이다. 하지만 그렇게 하지 않아 항상 안타까운 마음이 들었다.

때로는 남에게 베푸는 자신의 모습을 보여주기 위해 대외적으론 좋은 모습을 보이지만, 가까이 있는 사람들에게는 잘 베풀지 않는 사람이 있다. 오로지 평판을 위해 내 주변 사람들에게는 인색한 채 남에게만 잘해서는 안 된다. 남들에게는 매우 좋은 사람이지만, 내 편이라고 생각하는 가까운 사람들에게 인색하게 대하는 사람은 어려운 일이 생겼을 때 매우 곤란한 상황에 부닥칠 수 있다. 인지상정이라고 하여 가까운 만큼 마음이 상하면 서운한 마음도 커지기 때문이다. 밖에서는 선한 사람이지만 집에 들어오면 가족을 무시하고 화를 내는 사람들이 많다. 복주머니를 넓히기 위해선 먼저 내 가까운 사람들에게 베풀고 그것을 점차 넓혀나가야만 한다. 그렇지 않으면 아무리 잘 쌓아 올린 평판이라도 한순간에 무너질 수 있다. 진심으로 차곡차곡 잘 쌓아 올린 운은 언젠간 반드시 나를 돕는다.

평소 주변 사람에게 잘하고, 좋은 평판을 쌓은 사람이라면 그가 어떤 잘못을 저질렀을 때 사람들은 그 사람의 행동을 실수라고 생각할 수 있다. 하지만 평판이 안 좋은 사람은 그럴 의도가 없었다고 하더라도 잘못된 행동을 했을 때 더 큰 파문을 불러온다. 한 번 운이 꺾일 때 그 꺾이는 폭을 줄이기 위해서는 평소의 말과 행실이 중요한 법이다.

누구에게나 운이 꺾이는 시기는 있다.

어떤 사람도 계속 승승장구하며 살 수는 없다. 하지만 운이 꺾이는 시기에는 반드시 내가 살아온 날들이 결과가 되어 내게 돌아온다. 어떤 사람이 사회적으로 논란이 되었을 때, 주변 사람들이 그에 관해 이야기하는 모습을 보면 그 사실을 알 수 있다. 만약 그가 주변 사람들을 잘 대해왔다면, 그에게 문제가 생겼을 때 그를 변호하려는 사람이 많을 것이다. 하지만 주변 사람들을 홀대한 사람은 그 화가 뭉

쳐 결국 호되게 당하게 된다.

운동선수 중에는 20~30대에 반짝 인기가 있었지만, 은퇴 후에는 홀연히 사라진 사람이 많다. 젊은 시절에는 체력도 좋고 실력이 있어 본인 위에 사람이 없는 것처럼 멋대로 행동해도, 모두 아무 말 없이 잘 대해주었을 것이다. 그러나 나이가 들어 운동선수로서 실력이 조금만 떨어져도 사람들은 그에게 어떠한 기회도 주지 않고 짓밟을 것이다. 자업자득인 셈이다. 하지만 평소 인간관계가 좋고 좋은 평판을 쌓아 올린 사람들은 자신의 실력을 활용해 감독이 되거나, 관련 협회에서 일하는 등 자신의 길을 개척한다.

경험이 돈이 된다는 것은 이제 옛말이다. 경험이 지혜가 되려면 그만큼 사람들에게 베풀며 살아야 한다. 평판이 좋지 않으면 운이 내려갈 때 한없이 추락하게 된다. 그러니 평소에 나를 돌아보고, 내 주변 사람들을 살펴야 할 것이다.

Point!

1. 재운을 높이기 위해서는
   내 가치를 높이기 위한 투자를 해야 한다.
2. 다른 사람에게 베풀며 사는 것 역시
   나를 위한 투자이다.

직업 운을
알아보는 방법

옛날에는 수명이 짧고 각 개인의 계급이 고정되어 있었기 때문에 직업이 잘 변하지 않았다. 하지만 현대 사회에 이르러 사람의 생애 주기도 길어지며 더는 평생 직업은 없다고 이야기한다. 잡코리아(https://www.m-i.kr/news/articleView.html?idxno=735298)에서 2030 직장인을 대상으로 한 설문 조사에서 응답자 72%는 잡호핑족에 대해 긍정적으로 생각한다고 답하였다. 잡호핑족이란 직업을 뜻하는 잡과 뛰는 모습을 뜻하는 영어 단어 호핑이 섞인 말로 경력을 쌓아 자주 이직하는 사람을 말한다. 그만큼 요새엔 새로운 직업을 찾아 퇴사하거나 이직하는 사람들이 늘어났다. 유튜브에 '퇴사 브이로그'를 검색하면 많은 사람이 직장을 그만둔다는 영상을 올린 것을 확인할 수 있다.

사회의 흐름이 빨라지면서 운의 변화도 빨라진 것이다. 운이 변화하면 직업 역시 바뀌는 것이 정상이다. 새로운 기술이 개발되고, 산업이 발전하면서 우후죽순처럼 새로운 직업이 생기기도 하고 예전의 직업이 사라지기도 한다. 이제는 N잡러의 시대라고 할 만큼 동시에 여러 다양한 직업을 가지고 있는 사람도 많다. 예전에는 비슷한 업계로 직업을 바꿨다면 요새는 전혀 다른 분야를 시도해 이직하는 것도 많이 볼 수 있다. 수명이 길어져 사람들의 배움의 기회도 많아졌기 때문에 그만큼 새로운 직업을 마주할 기회도 많아졌다.

세상에 변화하지 않는 것은 없다.

하다못해 사람 역시 계속해서 변화한다. 잘 알려진 영화 <봄날은 간다>에는 "어떻게 사랑이 변하니?"라는 유명한 대사가 나온다. 사람도 움직이는 존재이기 때문에 어쩔 수 없이 변화할 수밖에 없다. 저 유명한 대사에 모두가 공감했던 이유 역시 사랑이 변할 수밖에 없다는 걸 사람들 모두 마음속으로 인정하고 있기 때문일지 모른다. 한때는 무척 사랑했던 사람이라도 운이 변화하는 시기가 오면 그 사람에게서 마음이 떠날 수밖에 없다. 오래 알고 지낸 친구와 사소한 계기로 멀어지기도 하지만, 또 새롭게 알게 된 사람과 감정을 쌓아

나가기도 한다. 사람은 계속 움직이는 존재이므로 내 상황 역시 계속 변화하는 수밖에 없다.

직업 역시 계속 변화하는 것이 정상이다. 일을 계속하다 보면 옛 날에는 무척 재미있고 좋아했던 일이 어느 순간부터 짜증이 나고 부담이 될 때가 있다. 마음이 점차 불안해지고 더는 그 일에 투자하지 않게 된다면 운의 흐름이 이동한 것일 수 있다. 그 일이 너무 재미있어 일에 투자하고 그 일과 연결된 사람들과 많은 교류를 했는데 어느 순간부터 내 마음이 다른 관심사로 향해 있다면 내 운 역시 변화한 것이다. 그 운이 바뀔 때를 잘 포착하여야 한다.

일반 사람들은 자신의 운이 변화하였는지 잘 알지 못한다. 하지만 어느 순간 일을 열심히 하던 사람이 그 일에 공허함을 느끼고, 자신의 분야가 아닌 다른 분야를 기웃거리기 시작한다면 그 사람의 관심사는 이미 변화한 것이다. 관심사는 급작스럽게 변화되기보다는 서서히 시간과 함께 변화하게 된다. 자신의 관심사가 변화하면 가장 먼저 주변에 어울리는 사람들이 변화하게 된다. 그래서 어느 순간 나와 함께 하는 사람들의 관심사가 변화하게 된다면 내 운의 흐름이 달라졌다는 것을 알 수 있다. 그럴 때는 직업을 바꾸어야 한다. 만약 내 직업의 운이 달라졌다면 주변 사람들이 먼저 눈치채고 내게 말해줄 것이다.

"너 뭔가 변한 것 같아."

"전과 달라진 것 같아."

주변 사람들에게 그런 말을 듣는다면 내가 무엇이 변한 건지 생각해보고 내 직업의 운이 바뀐 것인지 고민해봐야 한다.

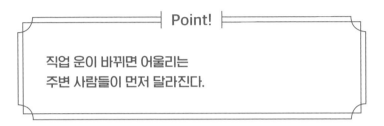

Point!

직업 운이 바뀌면 어울리는
주변 사람들이 먼저 달라진다.

성공하는 시간을
단축하는 법

돈을 벌기 위해서는 무엇을 먼저 시작해야 할까? 답은 간단하다. 돈을 많이 벌 수 있는 시장이 무엇인지 찾고 그 시장에 진출해야 한다.

하지만 많은 사람이 착각하는 것이 있다. 어떤 TV 프로그램에서 전문가의 조언으로, 장사가 잘 안되는 어느 식당의 사장님이 장사가 잘되는 식당에 방문했다. 하지만 그는 시종일관 자신의 음식 실력이 좋다고 자신하며 다른 식당의 음식을 부정적으로 평가하였다. 전문가는 장사가 잘 안되는 식당의 사장님이 자신의 조언을 잘못 이해한 것 같다며 고개를 저었다.

음식은 맛있는 편이지만 장사가 잘 안되는 식당이 있고, 음식 맛은 평범하지만 장사는 잘되는 식당이 있다면 당신은 누구에게 가르침을 받아야 할까?

정답은 없다.

내가 무엇을 원하느냐에 따라 그 해답은 달라진다. 내가 돈에는 상관없이 맛있는 요리를 만드는 것으로 만족감을 느끼길 원한다면 손님이 적더라도 내 요리 실력에 만족하며 식당을 운영하면 된다. 하지만 식당을 차린 이상 장사가 잘되어 큰돈을 벌고 싶다고 생각한다면 손님이 많이 찾는 식당이 어떤 마케팅을 하고 있는지 눈여겨보고 배워야 한다.

하지만 앞서 말한 TV 프로그램의 사장님은 장사가 잘되었음 좋겠다는 본인의 욕구에 맞지 않게 잘되는 곳의 남다른 장사 비법을 눈여겨보는 것이 아니라 본인의 장점만 자화자찬했다. 전문가가 조언을 해주고, 손님을 끌어 모을 줄 아는 가게의 사장님이 조언을 해주어도 손님이 오지 않는 가게의 사장님은 고집을 꺾지 않았다. 목표를 설정한다고 해서 원하는 바가 모두 이루어지는 것은 아니다. 목표를 정했다면 본인의 고집을 꺾고 성공한 사람의 조언을 귀 기울여 받아들여야 한다. 그래서 자신의 목적에 맞게 나아갈 방향을 생각하는 것이 가장 먼저 할 일이다.

다음으로 그 시장의 가능성을 봐야 한다. 만약 내가 골목길 한구석에 가게를 차렸는데, 그 길에 지나가는 사람이 많지 않아 아무리 노력해봤자 얼마 이상은 벌지 못한다고 한다면 시장 자체가 닫혀 있다고 볼 수 있다. 물론 내 노력을 통해 시장을 어느 정도 넓힐 수는 있겠지만 개인의 노력으로 그 길을 넓히는 데는 한계가 있을 것이다. 시장의 흐름이 점차 커지는 쪽을 선택해야 내가 가지고 있는 능력치를 극대화할 수 있다. 아무리 내 능력이 뛰어나다 해도 이미 시장 자체가 사라지거나 죽어가고 있다면 그 사업에 뛰어드는 것은 힘든 일이 될 수 있다.

그런 다음 내가 가고자 하는 길에서 두각을 나타내고 있거나, 앞서나가고 있는 멘토를 찾아야 한다. 요즘은 정보가 발달해 조금만 노력하면 각 분야의 멘토를 쉽게 찾을 수 있을 것이다. 원하는 길이 있다면 간절하게 배우고 익히려 노력해야 한다. 하지만 대다수 사람은 익숙하지 않은 길이 두렵고 용기가 나지 않는다며 쉽게 나서려 하지 않는다. 처음은 누구나 서툴 수밖에 없으므로 창피하거나 두려워할 필요가 없다. 중요한 것은 자신이 원하는 것을 배우려는 자세이다.

다음으로 중요한 것은 내가 가려는 분야의 처음을 선점하는 것이다. 선점 효과라는 말이 있다. 시장에 최초로 진입한 사람이 얻게 되는 효과를 말한다. 나 역시 처음 사주를 보기 시작했을 때 어려움이 많았다. 내 직업에 대해 사회적 편견도 컸고, 내 나이 또래의 젊은 역술가가 거의 없어 배우는 것에 한계도 있었다. 당시에는 역술가는 생활 한복을 입은 수염 난 할아버지만 할 수 있다고 여기는 경향이 뚜렷했다. 또한, 사람들은 사주를 본다고 하면 귀신이나 미신 같은 것을 떠올리며 좋지 않게 생각했다. 하지만 당시 역술인들 사이에선 보기 드물게 젊은 편인 내가 지저분하고 어두침침한 곳이 아닌 깔끔하고 환한 사무실에서 사주 상담을 하니 이런 편견 역시 서서히 사라지게 되었다. 젊은 상담가로서 시장 선점을 하면서 젊은 고객과 나이든 고객 모두 만족하게 할 수 있게 되었다. 그 시절에 경쟁자가 적어 큰 득을 봤다고 할 수 있다.

경쟁자가 많이 모인 곳에 새롭게 도전하면 어쩔 수 없이 많은 사람과 경쟁할 각오를 해야 한다. 요새는 많은 20, 30대들이 공무원 시험에 도전하고 있다. 취업이 어렵고 사회가 불공정하다고 여겨지다 보니 갈 길이 막막해 너도나도 공무원 시험에 뛰어들게 된다. 좁은 구멍을 향해 돌진할 수밖에 없는 사회가 안타깝지만, 그 길 자체가 좁으므로 실패하는 사람 역시 많을 수밖에 없다.

내 손님 중에는 태릉에서 훈련하는 국가 대표 선수가 있다. 그 선수가 속한 종목 같은 경우엔 유도나, 태권도와 달리 경쟁률 자체가 적어 자신은 다른 종목보다 쉽게 국가 대표가 될 수 있다고 했다. 물론 그 선수 역시 피나는 노력을 하여 국가 대표가 되었을 것이다. 하지만 그는 다른 종목의 경쟁률을 생각하면 자신은 정말 행운아인 것 같다고 이야기했다. 해당 종목을 도전하는 사람이 많지 않아 나이가 들어도 계속 국가 대표로 출전한다고 이야기하는 그를 보며 경쟁이 치열하지 않은 위치를 먼저 선점하는 것의 중요성을 알 수 있었다. 남들이 하지 않은 길을 먼저 개척하고 선점해나가야 자유로울 수 있다. 그래서 내가 잘할 수 있으면서도 큰 경쟁을 하지 않아도 되는 분야를 찾아나가야만 한다.

내가 온라인 쇼핑몰 사업을 시작했을 때 나와 비슷한 아이템으로 사업을 시작한 사람은 무척 드물었다. 인터넷 쇼핑몰 초창기라 경쟁자가 많지 않아 시장을 선점할 수 있었고 덕분에 사업은 빠르게 번창했다. 검색 창에 내가 공수해 판매하고 있던 아이템을 검색해도 네 줄이 채 나오지 않았다. 그래서 첫 시장을 선점하는 일이 무엇보다 중요하다.

하지만 사업을 하다 보면 운이 떨어지는 시기가 찾아온다. 운의 흐름은 계속 변하는 것이라, 올라가는 순간이 있다면 당연히 떨어지는 순간이 있다. 사업이 고점에 올라와 운이 잘 풀렸을 때가 제일 조심해야 하는 순간이다. 가끔 너무나 성공하던 음식점이 어느 순간 맛이 변해 크게 망하는 것을 볼 수 있다. 아무리 맛있었던 집이더라도 손님이 많아지고 유명해져 맛이 변하면 다시 손님이 끊기는 것은 한순간이다. 본인의 운만 믿고 노력을 게을리한다면 운도 빠르게 꺾일 수 있다.

시장의 흐름이 변했기 때문에 개인의 운도 따라 변화하기도 한다. 2011년, 라면 국물은 빨간색이라는 고정 관념을 깨고 하얀 국물의 라면이 출시되어 엄청난 인기를 끌었다. 여러 기업에서 우후죽순처럼 비슷한 라면을 신제품으로 내놓았다. 하지만 지금 대형 마트에 가면 예전 인기 있던 제품을 찾아보기 힘들다. 다양한 맛의 비빔면과 프리미엄 짜장 라면 등이 그 자리를 차지했다. 옛날에는 한 종류의 라면만이 인기를 끌었다면 이제는 여러 이색적인 라면이 출시돼 눈길을 끌고 있다. 잘되는 제품이 어느 순간 인기가 식어 사라지기도 하고, 새로운 제품이 출시돼 또 다른 유행을 만들어내기도 한다. 이러한 과정은 우리가 살아가는 인생과 크게 다르지 않다. 어떤 것이 잘되면, 그만큼 다른 것이 잘 안되기도 하고 또 방향을 틀어 새로운 길을 만들기도 한다. 하얀 국물 라면의 매출이 떨어지기 시작했는데 기업이 계속 그 제품만 고집한다면 어떻게 될까? 시장을 좇아가지 못한 채 그대로 도태되었을 것이다.

운이 떨어지는 순간에 잘 내려놓는 것도 운이라 할 수 있다. 운이 떨어져 일이 잘 안 풀리는 순간 사람은 자신이 가지고 있는 것을 놓지 않으려 한다. 지금까지 잘되었던 시기를 떠올리며 가지고 있는 것을 지키려 노력한다. 하지만 지켜서 이기는 법은 없다. 운이 내려갈 때는 들고 있는 짐을 내려놓거나 누군가에게 맡겨야 한다. 또는 잠시 쉬어가며 멈추는 시간을 가져야 한다. 잠시 멈추면 운도 천천히 떨어지고 자신을 돌아볼 수 있다.

앞에서도 언급했지만, 무리하게 새로운 일을 만드는 것이 가장 좋지 않다. 어떤 사람은 운이 떨어지기 시작하면 다시 흐름을 되찾기 위해 무리하게 일을 벌이려 한다. 하지만 운의 흐름이 바뀌었을 때 계획하지 않은 일을 벌이면 더 심하게 안 좋아질 수 있다. 한번 운이 떨어지면 마음이 조급해지고 평소보다 시야가 닫혀 스스로 독이 될 수 있는 선택을 할 수 있다. 그래서 운이 꺾일 때 잘 내려놓는 것도 운이라고 하는 것이다.

우리는 흔히 내가 가진 목표를 전부 다 이루고 성공하기 위해선 계획한 바를 전부 다 지켜야 한다고 생각한다. 그래서 위급하고 힘든 순간이 와도 내 목표한 바를 이루기 위해 손에 쥔 것을 놓지 않는다. 하지만 성공은 그렇게 계획한 대로만 흐르지 않는다. 성공하기 위해서는 때론 잘 포기하는 것 역시 중요한 선택이 될 수 있다. 그래서 갈림길에서 어떤 길을 선택하는지가 내 인생을 결정한다.

프로스트의 <가지 않은 길>이란 시에서 화자는 두 갈래의 갈림길 중에 사람들이 적게 가는 길을 선택해 걸어갔고, 언젠가 자신이 가지 않은 길을 떠올린다. 화자는 담담히 고백한다. 가지 않은 그 길을 다시 갈 수는 없지만, 자신이 택한 그 길로 자신의 인생은 바뀌었다고. 인생은 내가 어떤 길로 걸어갈지 스스로 선택하는 것이다. 내가 밤새 공부를 해서 목표를 이루든, 공부 대신 다른 길을 선택해 돈을 벌든 시간과 나의 노력을 들여, 하나를 선택한 것이다. 그래서 때론 포기가 가장 중요한 선택이 될 수 있다.

유명한 워런 버핏의 일화가 있다. 워런 버핏은 조종사와 대화를 나누다 조종사에게 묻는다.

"당신이 정말 이루고 싶은 목표 25가지는 무엇인가요?"

조종사는 이루고 싶은 목표 스물다섯 가지를 적었고, 이에 워런 버핏은 그중 가장 중요한 다섯 가지만 꼽아 보라고 이야기했다. 조종사가 그중 다섯 가지를 꼽자 워런 버핏은 나머지 스무 개는 어떻게 할 것이냐고 물어본다. 그러자 조종사는 가장 중요한 다섯 가지를 이루기 위해 노력하고 동시에 남은 스무 개 역시 틈틈이 노력하겠다고 이야기한다. 그러자 워런 버핏이 말한다. 동그라미 친 다섯 가지의 목표 외의 나머지 목표는 선부 포기해야 할 목표라고. 이 일화를 통해서도 알 수 있듯이 자신이 원하는 바를 이루기 위해서는 내 상황에 맞춰 무엇을 선택하고, 무엇을 포기해야 할지를 잘 결정해야 한다.

현재 하는 일로 돈을 크게 벌었어도 어느 순간 다른 운이 들어와 현재 하는 일이 잘 안 풀릴 수 있다. 그렇게 운의 접점이 겹칠 때는 빨리 내 목적지에 맞는 곳으로 갈아타야 한다. 하지만 사람들은 갈아타는 법을 잘 모른다.

지하철을 타 편안한 자리에 앉았다 하더라도 갈아타야 할 정류장이 있다면 몸을 일으켜야 한다. 서서 가기도 하고, 사람들과 부대끼며 힘들게 가기도 하겠지만 내 목적지를 향해 가는 길을 포기할 수는 없다. 자꾸만 편하고 익숙한 것만 찾는다면 목적지와는 점점 멀어질 수 있다. 그래서 인생의 목적지가 세워졌다면 그 운에 맞는 노선으로 잘 갈아타야 한다.

Point!

1. 목표를 잘 설정한다.
2. 내 목표를 이룰 수 있는 시장의 크기를 살펴본다.
3. 멘토를 잘 설정한다.
4. 가려는 분야의 처음을 선점한다.
5. 운의 흐름이 떠났을 때는 잘 내려놓아야 한다.

운을 얻기
위한 방향

동양 철학에서는 취기법(取氣法)이라 하여 말 그대로 행운의 기운을 얻는 방법이 있다. 운을 펴게 하는 방법이라 하여 개운법이라 부르기도 한다.

취기법은 잠시 머무는 장소를 다른 곳으로 피하거나 좋은 방향으로 여행을 가 휴식을 취하여 새로운 행운의 기운 받는 방법이다. 되는 것이 없고 일에 진척이 없어 힘이 들 때, 또 운이 막혀 불행이 가득하다고 느낄 때 사용하면 좋다.

좋은 기운을 받으려면 방향이나 장소가 중요하다. 특히 재물 운이 좋지 않거나, 자신을 답답하게 막히게 하는 것이 있다면 바다가 보이는 지역으로 여행을 가는 것이 좋다. 바다가 보이는 호텔, 펜션 등으로 숙박을 잡거나, 바다가 보이는 지역에서 숙식하면 그 효과가 크다. 좋은 장소에 간다면 그곳에서 최소한 1시간 이상 머무르며 앉아 있거나 음식을 먹거나, 그곳의 기운이 담겨 있는 물건을 사면 좋다. 혼란한 내 마음이 점차 안정되는 것을 느낄 수 있을 것이다.

여행지에서 더 좋은 기운을 받으려면 여행지 주변의 이름 있는 명승지나 사찰 등을 방문하는 것 역시 좋다.

　　소원을 잘 들어준다는 3대 해수 관음 성지로 동해에는 낙산사
홍염암, 서해에는 강화도 보문사, 남해에는 금산 보리암 등이 있다.
3대 해수 관음 성지 외에 해수 기도터로 여수 향일암, 부산 해동용
궁사, 서산 간월암, 양양 휴휴암이 소원이 잘 이루어지는 터로 유명
하다.

부록

운이
좋아지는
띠별 방향

•돼지띠, 토끼띠, 양띠생

· 잠잘 때 머리 방향을 북서쪽으로 놓고 자면 서서히 운이 열리게 된다. 이사 방향으로도 좋다.

· 공부할 때는 머리를 남동쪽으로 향하게 하여 공부하면 성적이 향상되지만 이사 방향으로는 좋지 않다.

· 집을 구할 때나 사무실을 구할 때 정동쪽으로 창이나 문이 나 있지 않은 곳을 구해야 재물에 손실이 없다. 금고나 문서를 보관하는 장소가 북서쪽이면 재물이 흩어지지 않게 된다.

•뱀띠, 닭띠, 소띠생

· 잠잘 때 머리 방향은 동남쪽으로 머리를 향하게 하고 자면 좋고, 이사 방향으로도 좋다.

· 공부할 때는 머리 방향은 북서쪽으로 하면 좋지만, 이사 방향으로는 좋지 않다.

· 집이나 사무실에 정서쪽으로 창이나 문이 나 있으면 좋지 않다. 금고나 문서와 관련된 재물을 보관하는 장소는 동남쪽이면 좋다.

• 원숭이띠, 쥐띠, 용띠생

· 잠잘 때 머리 방향은 남서쪽으로 두며, 이사 방향으로도 좋다.
· 공부할 때 머리 방향은 북동쪽으로 하면 좋지만, 이사 방향으로
  는 좋지 않다.
· 집이나 사무실은 정북쪽으로 창이나 문이 나 있으면 좋지 않다.
  재물을 보관하는 장소 또한 남서쪽에 있으면 재물에 유익하다.

• 호랑이띠, 말띠, 개띠생

· 잠잘 때 북동쪽으로 머리를 향하게 하고 자면 좋고, 이사 방향
  으로도 좋다.
· 공부할 때는 남서쪽으로 머리를 향하게 하고 공부를 해야 능률
  이 오르고, 이사 방향으로는 좋지 않다.
· 집이나 사무실에 정남쪽으로 창이나 문이 있으면 좋지 않다. 재
  물 보관 장소 또한 북동쪽이 좋다.

3장

사람이 운을
데리고 온다

불평하는 사람의 운은
달라질까?

주변에 항상 매사에 불만이 있고, 투덜거리는 사람이 있다면 그 사람은 본인의 운이 잘 안 풀릴 확률이 높다. 운이 안 좋으니 늘 불만스러울 수밖에 없다. 운이 좋았다면 자신에게 맞는 환경으로 이미 이동했을 것이다.

남을 자주 험담하거나 늘 부정적으로 이야기하는 사람에게도 확실히 운이 따르지 않는다. 그런 사람들은 어디에서나 싸움과 분란을 일으킨다. 만약에 내가 무언가에 문제를 느끼고 불만이 많거나 투덜거린다면 그곳에서 벗어나 움직여야 하는데, 그곳에 계속 머물러 있다는 건 본인 스스로 변하지 않는다는 뜻이다. 그 사람에게 문제가 있는 것이 아니다. 누구나 운이 변화하면 자신과 다른 환경에 놓일 수 있다. 하지만 계속 불만을 표출한다면 그 환경에 잘 적응하고 있는 다른 사람 역시 괴로워질 수 있다. 움직여야 하는 사람이 움직이지 않고 계속 남아 불만만 가지면 다른 사람에게 그 영향이 고스란히 갈 수 있다.

그래서 운이 변하는 시기의 사람은 동화 미운 오리 새끼에 나오는 오리와 비슷하다. 운이 변화하기 전까지는 오리로써 만족하고, 주변 오리와도 화목했으나 어느 순간 운이 변화하자 기존 오리 무리와 맞지 않아 그들에게서 괴롭힘과 상처를 받게 된다. 운이 좋은 사람은 자기가 변화함을 알고 오리 무리를 떠나, 백조 무리로 넘어가 빠르게 적응하지만, 운이 없는 사람은 계속 오리 무리에 남아 오리들에게 괴롭힘과 상처를 받는다. 혹은 자신이 다른 무리에 있어 불안하고 마음이 조급하다 보니 다른 이에게 그 불안을 퍼뜨리게 된다. 주변 사람들 또한 불안한 감정에 동요하게 된다. 감정은 전염성이 강하다. 그래서 계속 남을 험담하거나, 불평불만을 일삼는 사람을 멀리하는 일이 필요하다.

하지만 내게 불평, 불만을 말하는 이 역시 내게 큰 도움이 될 때가 있다. 내 인생을 바꿔줄 귀인 역시 처음에는 내게 와 환경에 관한 불평을 이야기할 수 있다. 하지만 단순히 불평, 불만만 늘어놓는 것과 스스로 기존의 틀을 깨고 다른 사람들을 살리는 일은 작은 차이임에도 완전히 다르다.

이 사람에겐 미래가 있다. 단순히 불평, 불만만 내뿜는 사람에겐 신념이나 앞으로 나아가야 할 방향성이 없다. 현실이 갑갑하고 불안한 마음에 그 감정을 옆 사람에게 전가할 뿐이다. 하지만 내 인생을 바꿔줄 귀인은 스스로 변화하려고 노력하며 그 틀을 깨 다른 사람에게도 도움이 되려고 한다. 신념이 있어 앞으로 나아가야 할 방향성 역시 가지고 있다. 이런 사람들의 이야기 역시 처음엔 불편할 순 있다. 처음엔 반발심을 느낄 수 있다. 하지만 자세히 들어보면 그들에게는 미래가 있다. 살아가는 방법을 이야기할 수도 있고, 부당하고 불리한 상황 속에서 탈출하자고 권유할 수도 있다. 그래서 방향성이 분명한 사람을 믿고 따라가면 운이 폭발적으로 함께 상승할 수도 있다.

똑같이 어떤 상황에 대한 불만을 품고 있어도 운이 트이는 사람은 다른 시각으로 상황을 바라본다. 두 사람의 차이는 무엇일까?

잘될 운을 가지고 있는 사람은 어떤 상황을 해결하려고 할 때 미래를 먼저 그려본다. 하지만 운이 막혀 있는 사람은 항상 과거에 집착한다. 요새 젊은 사람들이 많이 쓰는 유행어로 "라떼는 말이야."라는 말이 있다. 오죽하면 "라떼는 말이야"라는 가사를 넣은 노래까지 발표되었다. 현재에 불만이 있는 사람들은 늘 항상 "내가 왕년에는 이렇게 일했는데, 나 때는 말이야."라는 말을 입에 달고 산다. 본인은 변화하지 못하고, 변화하는 주변 상황 역시 따라가지 못하니 불평, 불만이 많아지고 자기중심적인 생각만 하게 되는 것이다.

하지만 자신의 운을 잘 풀어나가는 사람은 현실에 불만이 생겼을 때 변화하는 주변 상황을 살펴서 나 또한 같이 변화하려 노력한다. 끊임없이 변화하여 애를 써야 변화 속에 주어진 기회를 잡을 수 있기 때문이다. 그래서 그는 현재와 과거를 비교해 불평하기보다는 현재의 고칠 점을 찾으려 노력한다. 더 나은 방향을 찾기 위해서 어떤 식으로 변화해야 할지 스스로 고민하고 성찰한다.

나를 찾아오는 손님들과 이야기하다 보면 때론 그 손님이 잘될지 안될지 그 사람의 태도만 봐도 보이는 경우가 있다. 나는 손님이 가진 상황 속에서 그가 할 수 있는 선택지를 제시해주려고 노력한다. 하지만 아무리 내가 좋은 선택지를 권유해도 최종적으로 그 선택을 하는 사람은 본인이 될 수밖에 없다.

"이렇게 하면 좋을 것 같아요."라고 얘기했을 때, 어떤 사람은 하나부터 열까지 내가 대신 판단을 내려주길 바란다. 일상의 작은 선택마저도 스스로 선택하지 못하고 다른 사람에게 떠넘기려 한다. 그 사람에겐 자신이 책임질 수 있는 미래가 없는 것이다. 그런 경우엔 아무리 성심성의껏 답변을 해도 그가 원하는 결과에 미치지 못하면 크게 화를 낸다. 몇 년 전에 내게 집을 사야 할지 말아야 할지 물어본 손님이 있었다. 그런데 꽤 시일이 지난 후 그 손님에게 전화가 왔다. 손님은 다짜고짜 버럭 화를 내며 말했다.

"당신이 사라고 안 해서 안 샀는데 지금 부동산 가격이 잔뜩 올랐잖아요. 어떻게 할 거예요. 책임지세요."

이런 사람은 간혹 있다. 이들은 항상 일에 대한 책임을 뒤집어쓸 사람을 찾는다. 일이 잘 풀리지 않을 때마다 핑계를 대려 한다. 또 다른 손님 같은 경우에는 내게 찾아와서 결혼에 관해 물어보았다. 그 운을 점쳐보니 손님 스스로 행동을 바로 하지 않으면 결혼하기 힘든 운명이었다.

"노력을 좀 하셔야 해요. 지금 사주를 보면 지금과 같이 행동하면은 앞으로 결혼하기 힘들 수도 있어요."

그런데 3, 4년쯤 지났을 때쯤 손님에게 전화가 왔다. 그는 자신이 결혼 못 한 것이 내 탓이라며 그때 그런 소리를 들었기 때문에 결혼하지 못한 것이라고 크게 소리를 질렀다.

이런 사람들은 대체로 부정적이기도 하지만 정말 중요한 이야기는 제대로 듣지 않는 버릇이 있다. 내가 조언을 해줬던 부분이나 가야 할 방향성에 관한 이야기는 까맣게 잊고 자신이 원하는 결과가 생기지 않았다고 닦달하는 것이다.

운이 좋은 사람은 자신의 미래에 대해 항시 생각하고 있으므로 내 말을 듣고 자신의 방향성을 스스로 설정한다. 하지만 운이 나쁜 사람은 내 이야기를 듣고 미래에 대해 생각하기보다는 결과가 좋지 않을 때 자신이 피할 수 있는 도피처를 만들어둔다. 그래서 하고자 하는 사람은 방법을 찾고, 하지 않으려고 하는 사람은 핑계를 찾는다는 말이 있다.

내 손님 중에 사업에 성공한 사람이 있는데 그는 항상 이렇게 이야기한다.

"선생님 말씀을 듣고 제가 가려던 방향 중에 어떤 것이 제 방향이 맞는지 결정할 수 있었어요."

그 말을 들으며 그가 자신이 가려던 방향이 무엇인지 스스로 고민했다는 점을 알 수 있었다. 그는 덧붙였다.

"사실 선생님한테만 조언을 구한 건 아니에요. 변호사에게도 물어보고, 회계사에게도 물어보고, 주변 사람들에게도 물어보고 난 다음에 판단을 내리기 전 최종적으로 선생님께 여쭤봐요."

이 손님에게는 정기적으로 전화를 오는데 그때마다 나는 기쁜 마음으로 상담을 한다. 손님은 내가 해주는 조언은 큰 도움이 되지만, 가장 중요한 것은 스스로 판단해야 한다는 것을 인지하고 있는 사람이다. 그는 첫 번째로 가족에게 묻고, 두 번째로 동료에게, 그리고 세 번째 혹은 네 번째가 되었을 때 내게 묻는다고 한다.

중요한 선택에 대해 가족에게 물었을 때, 가족은 나를 위해 가장 좋은 판단을 하므로 큰 도움을 준다. 또 동료들에게 물어보았을 때, 동료들은 그 분야의 전문가이기 때문에 새로운 시야를 제공해준다. 마지막으로 운은 전혀 다른 영역에 있으므로 내게 도움을 구한다. 이러한 조언은 정량화되지 않아 무엇이 가장 옳은 선택인지 분명하게 확인할 수 없다. 하지만 각각의 조언을 잇다 보면 그 조언들의 공통점을 찾을 수 있다. 손님은 여러 조언을 참고한 후 생각을 정리해 자신에게 가장 좋은 선택지로 결정한다고 말했다.

이렇게 자신의 미래를 잘 설계하는 손님을 만나면 서운하기는커녕 기쁘다.

"지금은 이 운이 작은 운으로 작용할 수도 있지만, 이 작은 행운으로 나중에는 큰 행운 역시 잡을 수 있어요."

그러면 손님은 내 말을 기억하고 꼭 그 기회를 잡는다. 하지만 운이 없거나 돈을 잘 못 벌고 사업에 실패하는 사람들은 항상 불평불만을 가지고 핑계를 찾는다.

"그러니까 제가 언제 돈을 버는지 알려주세요."

"선생님이 하라고 했잖아요. 왜 잘 안되는 거예요?"

"곧 돈을 번다고 하지 않았어요?"

언뜻 들으면 그들은 내가 하는 말을 맹신하는 것처럼 보이지만, 자세히 살펴보면 그렇지 않다. 오히려 내가 했던 말 중에서 듣고 싶은 말만 기억하고 그것에만 집착한다. 내가 사람들에게 장단점을 이야기하면, 운을 활용할 줄 아는 사람은 그 장점을 활용해 기회를 만들어내기도 하고 단점을 피해 위기를 극복하기도 한다. 하지만 기회를 놓치는 사람은 본인이 기억하고 싶은 내용만 기억하고 좋은 운이 하늘에서 떨어지기만을 기다리고 있다.

"손님은 이런 방법으로 움직이면 운이 더 많이 들어오고, 이렇게 행동하면 적게 들어올 거예요."라고 이야기했을 때 운이 좋은 사람은 본인이 노력해서 더 큰 운을 받아들이지만, 운이 나쁜 사람은 행동하지 않은 채로 안 좋은 결과에만 집착한다. 그래서 시간이 지났을 때 문득 내게 찾아오거나 전화해 "운이 들어온다고 했는데 왜 안 들어와요? 선생님이 그렇게 말했으니 책임지세요."라고 하며 화를 내는 것이다. 자신의 삶을 수동적으로 살아온 것에 대한 책임은 본인이 져야 한다.

운이 좋은 사람은 자신의 삶을 스스로 확장할 수 있는 사람이다.

그래서 운이 좋은 사람은 불운한 상황 속에서도 자신의 장단점을 스스로 돌아보며 기회를 만들어낸다. 운이 좋지 않은 사람들은 환경에 휘말려 자신을 파악할 수 있는 눈을 잃어버린다. 그래서 그 환경을 빠져나오지 못하고 그 환경 속에서 계속 힘들어한다. 사회가 어려울수록 어쩔 수 없이 환경에 갇혀 기회를 잃어버리는 사람이 많이 있다. 그럴 때일수록 자신을 잘 돌보며 부정적인 생각에 지나치게 몰두하지 않고 기회를 기다려야 한다.

Point!

운이 좋은 사람은 미래 지향적으로 사고한다.

내가 나쁜 사람들만
만나는 이유

"왜 저는 나쁜 사람만 만날까요?"

이런 질문을 하는 사람이 있다. 마음 아픈 이야기지만 이렇게 대답할 수밖에 없다.

"본인이 그런 선택을 하고 있으니까요."

나쁜 사람을 자꾸만 곁에 두는 사람은 본인이 습관적으로 자꾸만 그런 사람을 불러 들여온다. 유유상종이란 말이 과거에는 인재들이 서로 모여 어울린다는 의미였지만 요새에는 비슷한 수준의 사람이 모인다는 부정적인 의미로 사용된다.

스스로 함부로 대하는 것 역시 습관이 된다. 나에게 나쁜 행동을 하는 사람들에게 쉽게 마음을 의지하는 것 역시 자기 자신을 믿지 못하기 때문이다. 자신을 존귀하게 대하는 것 역시 연습이 필요하다. 하지만 다른 사람이 나에게 함부로 구는 것에 익숙해진 사람은 그 상태를 벗어날 의지 자체를 잃게 된다. 그런 상태가 계속될 경우, 어떤 사람은 자신이 누군가에게 함부로 대해지는 것을 당연하게 생각하게 된다.

미국의 심리학자 마틴 셀리그만은 실험을 통해 '학습된 무기력'이라는 용어를 처음으로 명명했다. 반복적으로 불행한 상황에 노출되다 보면 시간이 지난 후에는 자신의 행동과 노력으로 무엇도 변화할 수 없을 것이라 믿게 된다는 것이다. 누구나 자신과 파장이 맞지 않는 사람을 만나거나, 자신을 상처 입히는 나쁜 사람을 만날 수 있다. 하지만 그 상황 안에서 자신에게 한계를 만들고 선을 그어버린다면 계속 불행한 상황을 만들어낼 수 있다. 그 상황 속에서 탈출하기 위해선 스스로 성취를 경험해보고 그 성취의 길을 따라 걸어가야만 한다. 하지만 대다수 사람이 그 속에서 스스로 빠져나오지 못한다. 그 안에서 만족감을 느끼고 행복을 느끼면서 악순환을 반복하고 다시 "왜 나는 나쁜 사람들만 만나는 것일까?" 고민을 반복하는 것이다.

스스로 나쁜 행동을 하면서도 자신의 행동이 누군가를 상처 입히고 다치게 한다는 것을 모르는 사람이 있다. 학창 시절에 다른 사람을 괴롭히거나, 상처를 줘서 큰 논란을 만든 사람들도 자신의 말과 행동이 누군가에게 큰 아픔으로 남으리라고는 생각지 못했을 것이다. 그래서 잘 기억이 나지 않는다든가, 그럴 의도가 아니었다는 말로 무마하려고 하지만 이미 그로 인해 많은 사람이 상처를 받은 직후이다. 사람들은 자신이 하는 행동이 어떤 의미인지 모를 때가 많다. 그러므로 우리는 교육을 통해 우리가 가야 할 방향을 배워야 하지만 슬프게도 우리 교육은 때론 비탈길에 서 있는 사람들을 놓치곤 한다. 삶에서 교육이 이탈했을 때, 어떤 사람은 자신이 서 있을 곳을 잃고 잘못된 방향으로 인생을 돌린다. 우리가 교육한 대로 세상이 돌아가지도 않는다. 우리는 다른 사람을 괴롭히거나 상처 입히는 사람이 되면 안 된다고 교육하면서도, 그런 사람들이 가지고 있는 권력 앞에선 쉽사리 고개를 숙인다. 아직도 각종 갑질 논란이 끊이지 않고, 자신의 위치가 다른 사람보다 조금 더 높다고 생각했을 때 함부로 대하는 사람이 많다.

의도가 있든 없든 간에 누군가를 상처 입히는 행동은 절대 해서는 안 된다. 만약 의도치 않은 상황에 누군가를 상처 입혔다면 자신이 잘못한 것이 무엇인지 스스로 깨달은 후 피해자의 마음속 상처가 충분히 아물 수 있도록 사과해야 한다. 하지만 문제는 가해자 대부분 자신의 잘못이 무엇인지 제대로 알지 못한다는 것이다.

인터넷상에는 사과문을 올바르게 쓰는 방법에 관한 예시가 빼곡히 적혀 있다. 그 글에서 가장 중점적으로 다뤄지는 것은 '내가 무엇을 잘못했는가를 스스로 인지하고 있는지'이다. 만약 그것이 생략된다면 그 사과문은 올바른 사과문이라 할 수 없다. 연인 사이에 다툼이 일어났을 때 애인이 "뭘 잘못 했는데?"라고 추궁하는 것 역시 같은 맥락이다. 상대방이 스스로 잘못이 무엇인지 인지하고 있다는 것은 그가 그 잘못을 진심으로 반성하고 있다는 근거가 된다. 하지만 대부분 사람은 자신이 무엇을 잘못했는지조차 알지 못한다.

학창 시절에 남을 괴롭히고, 나쁜 행동을 주도하는 학생들 역시 마찬가지다. 그 세계 속에서는 타인을 자신의 아래에 두고, 상명하복식으로 누군가에게 복종하라고 하는 것이 당연하게 여겨진다. 다른 사람 위에 군림하며 자신에게 힘이 있다고 착각한다. 어떻게 보면 청소년 시기에 누군가에게 인정받고 싶은 욕구를 잘못 표출하고 있다고 할 수 있다.

하지만 문제는 그런 행동이 사회에 나왔다고 해서 어느 날 갑자기 사라지지 않는다는 것이다. 학교 다닐 때 다른 사람에게 폭력을 행사하고, 금품을 갈취하던 학생이 자라나 그게 잘못이었다는 것을 깨닫는 경우보다 또 다른 방식으로 남을 착취하고 괴롭히는 경우가 많다. 그렇게 행동하는 사람에게 "그렇게 하면 나중에 큰 벌을 받는다."라고 말해도 아무 소용이 없다. 지금 당장 그에게 권력이 쥐어져 있기 때문이다. 그 권력의 힘을 누리고 있는 사람에게 그런 조언은 아무런 힘이 없다.

못된 행동을 해도 운이 좋은 사람은 승승장구할 수 있다. 우리가 못된 사람을 보고 "귀신은 저런 사람 안 잡아가고 뭐 하냐."라는 농담을 자조적으로 하는 이유 역시 정말 망했으면 하는 나쁜 사람들도 배불리 잘 먹고 잘살고 있기 때문이다. 때린 사람은 발 뻗고 잘 자는데 맞은 사람만 잠을 못 이루는 일도 부지기수다. 우리가 아무리 욕해도 잘사는 사람은 계속 잘사는 것만 같다. 하지만 그의 운의 흐름이 꺾여 떨어지기 시작했을 때, 그 운의 내려가는 폭은 클 수밖에 없다. 상황이 변화하게 되었을 때 그의 옆에 남아 있을 사람이 적기 때문이다. 사람에겐 누구나 운이 떨어지는 시기가 있을 수밖에 없다. 그 시기가 왔을 때 나를 지지해주는 것은 내가 평소에 쌓아 올린 내 선택들이다. 그러므로 어떤 사람이 될 것인지, 어떤 사람으로 기억될지 스스로 선택해야 한다.

Point!

1. 내게 상처 주는 사람들과 멀어지는 연습을 해야 한다.
2. 다른 사람을 함부로 대하는 사람은 운이 떨어졌을 때 큰 타격을 받는다.

운을 펴게 하는 만남

운이 변화하기 위해서 많은 사람을 만나는 것은 중요할까? 많은 사람을 만나는 것보다 어떤 사람을 만나는 것인지가 더 중요하다. 내 목적에 따라 누구를 어떻게 만나는지 그 중요성이 달라진다. 내가 좋은 사람을 만나 결혼하는 것이 목적인데 늘 집에만 머물고, 누구도 만나지 않는다면 아무리 내가 좋은 사람이라 하더라도 인연을 만나기는 어려울 것이다. 나에게 아무리 돈을 벌 수 있는 좋은 사업 아이템이 있어도, 실제 움직여 무언가 실행하지 않는다면 머릿속의 아이디어에 불과하다.

하지만 사람의 최고 능력치가 10인데, 내 능력치가 1밖에 되지 않는다면 갑자기 새로운 사람을 만난다고 해서 내 능력치가 상승하지는 않는다. 애초에 내가 가지고 있는 능력이 내 목표와 어느 정도 근접해 있어야 내가 원하는 목표에 접근할 수 있다. 그래서 사람을 만나더라도 어느 정도 수준으로는 준비가 된 상태여야 한다. 내게 꼭 필요한 사람을 만났을 때 준비가 되어 있지 않다면 그 기회를 놓치고 말 것이다.

우리가 성공한 누군가를 만나고 싶다고 해도 무작정 찾아가 만날 순 없다. 만남 자체도 그 사람과 나의 타이밍이 맞아 떨어져야 이루어질 수 있다. 그런데 운이 좋은 사람은 그 기회를 활용해 그 만남 자체를 나의 것으로 만들고, 내 흐름으로 끌어낸다. 좋은 질문은 그 자체로 해답이라는 말이 있다. 내가 이미 준비된 사람이라면 만남 자체가 나에게 해답이 될 수 있다. 나를 이끌어주고 나를 포용해줄 수 있는 사람을 만났는데 내가 보여줄 수 있는 카드가 하나도 없다면 곤란할 것이다. 어떤 사람에게는 내가 보여준 모습이 처음이자 마지막이 될 수 있다. 그 사람에게 어떤 인상으로 남을지 결정하는 것은 바로 자신이다. 타인에게 좋지 않은 기억으로 남고 싶은 사람은 없을 것이다. 그래서 사람을 만날 땐, 그 사람에게 기억될 마지막 나의 모습을 보여준다는 생각을 가지고 만나는 것이 좋다. 내가 그 사람과 마지막으로 만났을 때 어떻게 기억되고 싶은지 생각한다면 내 태도도 한결 신중해질 것이다.

사람들이 내게 자주 묻는 것이 있다. 다른 사람에게 친절하면 운이 더 빨리 들어오냐는 것이다. 그렇지 않다. 사람이 착하고, 친절하다고 해서 무작정 운이 들어오지 않는다. 친절한 사람은 친절한 사람인 것이지 운이 좋은 사람이 아니다. 옛날 전래 동화 <흥부와 놀부>에서처럼 제비 다리를 고쳐줬다고 갑자기 벼락부자가 되는 그런 일은 일어나지 않는다. 사람들이 친절함을 플러스 요소라고 생각하지만, 정확히 말하자면 친절하지 않음이 마이너스 요소이다. 그래서 친절하다고 해서 운이 잘 풀리는 것은 아니지만 누군가에게 친절하지 않고, 못되게 행동했을 때 나에게 나쁜 운이 들어올 확률은 높아진다. 사람의 일은 어떻게 풀릴지 알 수 없다. 그래서 어떤 자리에서든 타인을 인격적으로 존중해주고 대우해야 한다. 그런 다음에 자신의 목적성을 바로 세우는 것이다.

나를 찾아왔던 손님 중 자신에게 찾아온 귀인을 놓치지 않고 그 인연으로 큰 성공을 거둔 이가 있다. 손님은 병원에서 코디 일을 하는 사람이었는데, 주로 중국에서 온 손님들을 전담해서 상담하는 일을 맡아 했다. 월급은 적었지만, 중국어를 배워 적성을 살린 것이다. 중국에서 성형 수술을 하기 위해 온 손님들은 짧게는 일주일에서 한 달 동안 한국에 체류했다. 그래서 호텔 예약이나 관광 등 신경 써야 할 것이 무척 많았지만. 한국어를 하지 못해 어려움이 컸다. 그런데 내게 찾아온 손님은 병원 고객에게 그런 이야기를 듣고는 본인이 나서서 그들의 어려움을 물심양면 도왔다.

그래서 손님은 환자가 중국에 돌아가기 전까지 호텔 예약부터 관광 가이드까지 도맡아 하며 말동무도 해주고 사람들과 친하게 교류했다. 이 손님이 전담한 고객들의 만족도는 무척 컸고, 병원 후기에는 이 손님에 대한 칭찬으로 가득했다. 또 손님의 장점은 다른 사람의 말을 잘 들어주는 것이었다. 이 손님에게 찾아온 사람은 자신이 존중받는다는 느낌을 받아 더욱더 이 손님을 찾게 되었다. 그러자 소문이 퍼져 이 손님을 찾는 중국 환자들이 늘어나게 됐다. 자신에게 찾아온 인연 하나, 하나를 소중히 여기니 그 방향성이 자신의 목적성과 맞아 떨어져 큰 힘을 발휘하게 되었다. 1년 정도 일하니 손님을 찾는 사람은 점차 더 늘어났고, 의사보다도 이 손님을 믿고 병원을 찾을 정도가 되었다.

그런데 손님이 근무하고 있었던 병원에서는 반대로 사람이 귀한 줄 모르는 곳이었다. 손님의 역량으로 크게 손님이 늘어났지만 그만큼 그를 대우해주지 않았다. 큰돈을 벌면 그만큼 사람이 겸손해져야 하는데, 그것이 자신의 운일 줄 알고 함부로 행동하는 것이다. 그래서 손님은 곧 다른 병원으로 직장을 옮겼다. 그 손님이 다른 병원으로 옮기자마자 고객들은 병원에 전화해 손님을 찾기 시작했다. 그리고 그 손님이 옮긴 병원을 확인한 후, 손님을 따라 다른 병원으로 옮기기 시작했다. 병원에서는 자신의 능력으로 운을 크게 얻었다고 생각했지만 사실 그 운 역시 사람과 함께 온 것이었다. 사람을 잃으니 그 병원의 운도 꺾일 수밖에 없었다.

병원에서는 난리가 났다. 손님이 갑자기 뚝 끊긴 것이다. 그래서 손님을 상대로 고객을 빼앗아갔다며 고소를 하겠다고 협박을 했다. 그러자 손님이 옮겨간 병원에서 역시 아무런 문제가 없다며 맞고소를 하겠다고 으름장을 놓았다. 옮긴 병원에서는 새로운 고객이 물밀 듯이 들어오니 손님을 절대 놓쳐선 안 됐다.

손님이 내게 찾아온 것은 바로 그때였다. 손님은 두려움과 불안으로 가득 차 자신에게 벌어진 일이 너무 무섭다고 이야기했다. 자신의 위치에서 할 수 있는 일을 하며 최선을 다했는데 갑작스레 일이 커져 자신의 상황에서 감당하기 힘들다고 고백했다. 하지만 손님의 운세를 보니 지금처럼 자신의 위치에서 늘 진심으로 사람을 대하면 크게 성공할 운명이었다.

고소한다며 협박했던 병원은 결국 물러날 수밖에 없었다. 법적으로 아무런 문제가 없는 데다가 오히려 그 일로 소문만 더 안 좋게 나게 되었다. 옮긴 병원에서는 손님의 가치를 더 잘 알아봐주고 대우해주었다. 그래서 손님이 노력해서 새로운 고객을 데려올 때마다 인센티브를 후하게 쳐주었다. 이 손님 역시도 자신의 가치가 높아졌다고 새로 만나는 사람을 소홀히 하지 않았다. 병원과 손님 모두 자신에게 찾아오는 귀인을 알아보는 눈이 있던 것이다. 그래서 몇 년 동안 병원 역시 큰돈을 벌었고, 손님도 크게 성공을 거두었다.

손님이 내게 다시 찾아온 것은 손님에게 또 다른 기회가 왔을 때이다.

손님이 일을 계속하니 단골이었던 중국 고객이 손님에게 병원 운영을 권유했다. 이 손님에게 투자할 테니 직접 관광 상품으로 만들어 사업을 하는 것이 어떻겠냐는 것이었다.

"지금도 괜찮은데 일을 더 크게 벌렸다가 잘못될까 봐 두려워요."

지금까지 뜻하지 않게 운이 좋았으나 앞으로도 계속 운이 좋을지 알 수 없어 자신감이 떨어진 것이다. 그는 운이 급격히 변하는 파도 위에 있으니 자신 역시도 그 파도가 어디로 향할지 알 수 없다고 했다.

"저는 제가 한 게 아무것도 없는 것 같은데……."

손님은 자신이 좋아하는 일을 열심히 하고, 평소 하는 대로 사람을 만난 것밖에 하지 않았는데 갑자기 일이 잘 풀려 겁이 난다고 했다.

"그게 바로 손님이 잘된 이유에요. 일에 관한 목적성이 분명한데, 그 안에서 자신의 운을 펴줄 사람을 만났으니 잘될 수밖에 없어요."

"그럼 제가 이 제안을 받아들이는 게 좋을까요?"

손님의 얼굴엔 여전히 두려움이 남아 있었다.

"기회는 여러 번 오지 않아요. 지금이 손님에게 운이 들어올 때인데 이 기회를 잘 잡는 게 좋아요. 물이 들어올 때 노 저어야 한다는 말이 있잖아요. 물이 들어오는데 밀어붙여야죠."

"그래도 제가 인맥도 없고, 제 주위에 경험이 있는 사람도 없는데 혼자서 어떻게 해야 할지 막막해요."

나는 손님에게 용기에 불어 넣어주었다.

"자리가 사람을 만들 거예요. 손님이 지금껏 해왔던 대로 만나는 사람마다 진심으로 대한다면 그것을 믿고 사람들은 손님을 따라갈 수밖에 없어요."

나와 오랜 대화를 나눈 후, 손님을 확신을 얻고 돌아갔다. 곧 손님이 그 투자를 받아들여 압구정동에 병원을 얻었다는 소식을 전해 듣게 되었다. 처음에는 반발이 많았다. 손님 역시 반년간은 크게 고생했다. 코디가 어떻게 병원을 운영할 수 있냐며 반기를 드는 사람도 많았지만, 그 후 좋은 의사를 고용해 크게 성공했다. 병원을 찾는 사람은 이 손님이 주는 편안한 에너지와 힘을 느끼고 병원을 다시 재방문했다. 손님은 자신이 해왔던 경험을 살려 병원을 방문하는 사람을 위해 호텔부터 관광까지 전부 관리해주는 상품을 만들어 운영했다. 곧 그 상품은 트렌드가 되어서 많은 병원에서 따라 하기 시작했다

손님은 자신에게 찾아온 사람을 소홀히 여기지 않고 진심으로 대하며 기회를 만들었다. 사람 관리를 잘한 것은 곧 손님에게 행운이

되어 돌아왔다. 행운을 잡는 방법은 여러 가지가 있는데 우연이거나 필연이든 자신에게 찾아온 인연을 잘 맺어놓으면 나중에는 그것이 행운을 잡는 힘이 된다.

이 손님은 사람을 만나면 무조건 자신에게 귀인이라고 생각했다. 그래서 어떤 사람이 나에게 10을 주면 자신 역시도 10을 주거나 그 이상을 줄 것이라는 생각을 하고 최선을 다한다고 했다. 그래서 누군가 어떤 점을 불편해하면 그 사람이 불편해하는 것을 바꾸려고 노력하고, 편하다고 한다면 그 편안함을 어떻게 유지하면 좋을지 고민했다. 그래서 자신에게 사람이 들어오면 그 맺은 인연은 절대 끊어지지 않는 인연으로 만들었다. 그는 웃으며 말했다.

"그런데 전 정말 한 게 없어요. 다 제가 운이 좋아서 좋은 사람들을 만난 거죠."

바로 여기에서 운명의 차이가 생긴다. 이 손님은 우연을 필연으로 만드는 힘을 지니고 있다. 게다가 겸손한 마음 역시 가지고 있으니 그 마음이 만나는 사람을 더욱 편안하게 만들어준다. 그러니 그에 안주하지 않고 계속해서 새로운 귀인을 만난 것이다. 그래서 자신의 목적성에 맞는 상황이라면 나에게 찾아온 인연을 소중히 여기고 기회를 만들어야 한다.

때로는 나와 악연인 사람을 만날 때가 있다.

내게 너무 심하게 대하는 사람을 만날 때면 내가 저 사람에게 전생에 무슨 죄를 저지른 것이 아닌가 의심하게 된다. 그런데 나와 악연이라고 해서 그가 내게 악운을 가져다주는 것은 아니다.

어떤 사람이 나를 너무 힘겹게 하고, 괴롭게 해서 오래 다니던 회사를 그만두게 되었다. 그런데 그 회사를 그만둔 후 갑자기 일이 잘풀리게 되고, 본래 회사에 다녔을 때보다 더 많은 돈을 벌게 되었다. 그 사람을 피해 회사를 그만둔 것이 내게 천운을 만든 것이다. 그렇다면 이 인연은 악연이 아니다. 나를 너무 힘겹게 하고, 괴롭게 만들었지만 결국 그 사람을 피해 새로운 운이 트였으니 내게는 좋은 인연일 수 있다.

세상에 절대적인 것은 없다. 아무리 나쁜 사람이더라도 내게 마냥 나쁜 것만을 주진 않는다. 기회는 때론 시련이나 고통 속에서 찾아오기도 한다. 그것이 내겐 자극 점의 역할을 한 것이다. 드라마나 영화 속 주인공에겐 감당하기 어려운 사건이 찾아온다. 하지만 주인공은 그러한 경험을 바탕으로 더욱 더 성장하게 되고 경험을 쌓아 새로운 일에 도전한다. 주인공은 자신을 괴롭히는 악역 때문에 인생의 새로운 국면을 맞게 되고, 그로 인해 전에는 가지 않을 길을 선택해 성공한다. 인생이 망가졌다고 생각되는 순간에도 어느 한쪽의 길은 여전히 열려 있다.

그래서 안 좋은 사건이 내게 일어났을 때 너무 크게 좌절할 필요가 없다. 때론 그 사건이 내게 자극이 되고 그로 인해 스스로 성장할 수 있다. 어쩌면 고대 그리스 철학자 소크라테스를 만든 것은 혼란한 그 당시의 사회상일 수 있다. 만약 시대가 안온하고 평화로웠다면 그의 마음속에 질문이 시작되지 않았을 수도 있고, 그러면 그가 남긴 수많은 철학적 사유는 존재하지 않았을지도 모른다.

소크라테스는 악처를 얻은 일화로 유명하다. 그는 농담으로 "반드시 결혼하라. 좋은 아내를 얻으면 행복할 것이다. 악처를 얻으면 철학자가 될 것이다."라는 말을 남기기도 하였다. 그만큼 나를 자극하는 환경이 있을 때 사람은 더 깊이 생각하고 투쟁하며 새로운 도약을 하기도 한다.

그래서 악연도 활용하기에 따라 나에게 큰 운이 될 수 있다. 나를 싫어하는 사람이 많다고 움츠러들고 괴로워할 필요가 없다. 만약 누군가 이유 없이 나를 싫어하고 괴롭게 만든다면 문제는 그 환경 자체에 있을 확률이 높다. 나를 싫어하는 사람이 많다는 것은 내가 미운 오리 새끼라는 뜻이다. 내가 백조가 될 수 있는 사람인데 그 환경이 나를 받쳐주지 못하기 때문에 힘들고 괴로운 것이다.

왜 나만 미움받을까? 내가 무슨 잘못이 있는 걸까? 나는 잘못 태어났을까?

그런 괴로움 속에 나를 가두지 말고 주위를 돌아보자. 나를 아프게 하는 사람이 있다면 그 사람이 잘못한 것이지, 내가 잘못한 것이 아니다. 그런 질문에 갇혀서 고민하면 고민할수록 상처 받는 시간만 길어진다. 그래서 그 사실을 빠르게 파악한 후 내가 있어야 할 환경으로 움직여야 한다. 나쁜 인연들만 있는 곳에 내가 있다는 것은 그만큼 내 운이 깎이고 있다는 뜻이다.

반대로 내가 다른 사람을 원망하고 미워하는 것도 마찬가지이다. 그곳에 내 편이 없다는 것은 내 운이 현재 좋지 못하다는 뜻이다. 나를 헐뜯고 핍박하는 사람들은 그들에게 운이 좋은 장소에 있어 내게 함부로 할 수 있다. 하지만 그들의 운이 좋아 보인다고 해서 내가 잘못 사는 것은 아니다.

사람들과 이야기를 할 때도 자기 말을 많이 하는 것보다 남의 말을 잘 귀담아듣고 그 안의 본질을 찾아내는 것이 중요하다. 사람들이 대화할 때 은연중에 서로 자신의 이야기를 부풀려 이야기하는 경우가 많다. 세상에 힘든 일을 안 겪어본 사람은 없다. 다들 자기만의 사연과 아픔을 가지고 있다. 그러다 보니 고지에 올라와 있는 사람 중엔 자신이 겪은 힘든 이야기를 곁들이며 과거와 비교해 현재 얼마나 좋아졌는지 이야기하는 사람이 많다. TV에 출연한 연예인들도 종종 자신이 무명 시절에 얼마나 힘들었는지 고생담을 이야기하며 울곤

한다. 어떤 사람은 사업에 망했지만 노력해서 다시 재기하기도 하고, 또 어떤 사람은 조연으로 활동하며 경력을 쌓아 지금은 주연을 맡기도 한다.

때론 말하는 사람에 따라 그 고통이 실제보다 과장될 수는 있지만, 우리는 그가 겪은 시간 속에서 배워야 할 점을 찾을 수 있다. 한 사람이 지나온 시기는 그 사람이 견뎌냈을 아픔의 크기를 담고 있다. 무엇으로 덧칠해져 있든지 간에 그 인생 안에는 내가 겪지 못한 시간의 힘이 녹아 있다. 그래서 누군가와 대화할 때 우리는 상대방의 경험 속에서 무엇인가 배워야 한다. 그러기 위해선 먼저 내 앞에 앉은 상대방의 이야기에 귀 기울여야 한다. 미하엘 엔데의 작품 <모모>를 읽어봤는가? 주인공 모모가 모든 일을 해결해주는 방법은 간단하다. 그저 자신 앞에 앉아 있는 상대방의 이야기를 그 누구보다 진심으로 들어주는 것이다. 그러면 모모의 앞에 앉은 사람은 자신의 말 속에서 스스로 해답을 찾는다.

하지만 우리는 상대방과 대화할 때 생각보다 그의 목소리에 귀 기울이지 않는다. 누군가 자신의 힘겨웠던 시절을 이야기하면 속으로는 '저 사람은 기회를 잘 잡아서 저렇게 잘된 거지.' 하고 한 귀로 흘리게 된다. 하지만 자신의 운을 피게 하는 사람은 각각의 대화 속에서 배울 점을 찾는다. 그 사람이 어떤 방법을 통해 성공했는지, 그 방법을 좇아 자신은 앞으로 어떻게 행동해야 할지 목표를 잡는다.

그리고 진지하게 다른 사람의 이야기를 들어주다 보면 이야기하는 사람과의 관계 역시 나아질 수밖에 없다. 상대방이 자신에게 진심이라고 생각하면 그 사람에게 더 많은 기회를 주기 마련이다. 그래서 마주 앉은 사람과 제대로 대화하는 일은 행운을 불러오는 큰 기술 중 하나이다. 그 순간을 어떻게 보내느냐에 따라 운이 좋은 사람과 나쁜 사람의 차이가 생긴다.

│ Point! │

1. 만남으로 운이 좋아지기 위해서는 목적성에 맞는 만남이 중요하다.
2. 때론 악연이 나에게 행운을 가져다주기도 한다.
3. 누군가와 만났을 때 그의 말을 잘 듣는 것이 중요하다.

자식은
부모의 운을 따라간다

요새 초등학생 사이에서는 '휴먼거지, 임대거지, 엘사' 등 임대 아파트에 사는 아이들을 놀리는 혐오 단어가 늘어났다. LH 임대 주택에서 산다는 뜻으로 '엘사'가, 휴먼시아 임대 아파트에 산다는 뜻으로 '휴먼거지'라는 말이 등장했다. 어린아이들 사이에서도 사람을 돈으로 구분 짓고 행동한다. 학부모 사이에서는 가난하고 못 배운 아이들이 아파트로 넘어오면 집값이 내려간다며 아파트 사이에 울타리를 치자는 극단적인 주장까지 나오기도 한다.

아이들은 그런 단어를 어디서 배웠을까? 평소 주변 어른의 이야기를 통해 습득했을 것이다. 그 여파가 고스란히 어린 학생들에게까지 미쳤다. 돈으로 사람을 혐오할 수 자격이 주어진 것처럼 혐오 단어를 이야기하는 아이들을 보면 우리 사회가 아이들에게 어떤 거울이 되고 있는지 고스란히 알 수 있다.

누군가를 차별하고 혐오하고, 흔히 말하는 갑질을 하는 행동은 내 운을 떨어트릴 수 있다. 오히려 운이 좋은 사람은 남을 함부로 대하지 않는다. 운의 성질을 이해하고 있기 때문이다. 지금 운이 좋다는 것은 언젠가 내 운 역시도 떨어질 수 있다는 것이다.

운이 좋은 사람은 남에게 함부로 하지 않는다.

각각의 운의 흐름은 다르기 때문에 많은 사람이 동등하게 잘 살지 않는다. 내가 누군가와 만난다면 다른 누군가는 그 누군가와 헤어질 수 있다. 내 운이 올라가면 당연히 운이 떨어지는 사람이 있을 수밖에 없다. 운이 좋은 사람은 그 사실을 잘 알고 있다. 내가 현재 운이 좋다는 것은 누군가의 운을 가져올 수도 있음을 아는 것이다. 그래서 늘 감사하는 마음을 가지고 있다. 내가 다른 사람의 운을 빌려왔기 때문에 그것이 누가 되었든 그 사람에게 보상하는 마음을 가지고 있다.

웨이터의 법칙이란 말이 있다. 미국의 방위사업체 CEO 빌 스완스가 밝힌 이 법칙은 식당에서 웨이터가 실수로 셔츠에 뭔가를 흘렸을 때, 그 사람의 행동을 보면 그 사람의 품격을 알 수 있다는 법칙이다. 만약 그 사람이 큰 소리로 화를 내거나 웨이터를 함부로 대하는 모습을 보인다면 그와 비즈니스 거래를 하지 않는 것이 좋다. 타인의 실수에 관해 관대한 사람들이 사람을 대하는 방법을 알고, 또 그만큼 주변에 그를 인정하는 사람이 많아 내게 도움이 되기 때문이다. 자신보다 약자의 위치에 있는 사람을 함부로 대하는 사람은 절대 좋은 사람이 될 수 없다. 그런 사람이 나와 연결되어 있다면 나의 인격적인 부분까지 훼손될 가능성이 커진다. 그래서 우리는 웨이터의 법칙을 통해 상대방에게 어떤 행동을 하는지에 따라 내 운이 상승할지, 망가질지 가늠할 수 있다. 운이 좋은 사람은 누구보다 그 사실을 잘 알고 있다. 자신이 빌려온 운이기 때문에 남들에게 친절해지고 다른 사람에게 감사한 마음을 가진다. 그런데 운이 나쁜 사람은 그 사실을 이해하지 못한 채 잠시 들어온 운으로 타인을 판단한다.

그래서 청소 노동자에게 손님들과 마주치지 않도록 엘리베이터를 사용하지 말라고 이야기하는 등 갑질을 하는 일이 벌어진다. 운이 온전히 내 것이 아님을 인지하고 있는 사람은 타인을 존중하고 존귀하게 여긴다. 운이 언제든 역전될 수 있다는 사실을 잘 알아서 자신과 다른 사람을 역지사지할 수 있는 마음을 가지고 있다. 그래서 솔선수범해 이웃에게 먼저 인사를 건네고 자신의 것을 베푼다. 품격을 유지하는 것이 그 부와 지위를 유지하는 방법이라는 걸 누구보다 깨우치고 있다. 그리고 그것을 실천하고 보여줌으로 자녀들 역시 자연스레 그 삶의 태도를 배우게 된다.

어린이는 어른의 거울이라는 말이 있다. 어른이 먼저 나서서 다른 사람을 존중하는 자세를 보인다면 아이들 역시도 어른의 모습을 따라 배울 수 있다. 그래서 자식의 운을 펴기 위해선 부모가 먼저 타인을 존중하고 대우하는 모습을 보여야 한다.

하지만 우연히 운을 얻은 사람 중 그 순간에 감사하지 않고 다른 사람을 인격적으로 대우하지 않거나 더 무시하는 사람이 있다. 그런 사람들은 다른 사람이 가진 직업을 헐뜯거나 무시하며 자신의 성공과 부를 과시하려 한다. 편의점에서 힘겹게 아르바이트를 하는 학생에게 "공부 못하면 저런 일 하는 거야."라고 말하는 등 타인을 깔보고 무시한다. 하지만 다른 사람이 가진 직업이나 행위, 성격을 무시하거나 존중하지 않는 사람들은 운이 떨어지게 되면 그 운이 다시는 위로 올라갈 수 없다. 우리는 남의 운을 빌려온 것이기 때문에 항상 조심하며 살아야 한다. 하지만 그것을 알지 못한 채로 함부로 행동하면, 당연히 기회를 노리는 다른 사람에게 운을 뺏기게 된다. 그렇게 운은 돌고 돌아 더 알맞은 자리로 순환한다.

그래서 매 순간 자신의 마음씨를 잘 써야 한다.

차가 잠시 막힌다고 해서 화를 내고, 짜증 내며 다른 사람에게 보복 운전을 하거나 화풀이를 하는 사람이 있다. 만약 그 잠시의 기다림이 내게 다가올 큰 사고를 막아주는 신호였다면? 인생의 어느 길목에서 우리에게 불운이 다가올지 모른다. 그리고 내가 보내는 매 순간순간의 행운은 내가 모르는 채 지나가기도 한다. 그래서 우리는 우리가 지나가고 있는 모든 순간 속에 우리 운이 작동하고 있음을 알아야 한다.

매사에 화가 나 있고 긴장된 사람은 가족 앞에서도 그 화를 숨기지 않는다. 자녀는 부모가 삶을 대하는 태도를 배울 수밖에 없다. 운은 기다리는 사람에게 찾아온다. 그래서 부모 역시 자식 앞에서 삶을 대하는 일관되고 성숙한 자세를 보여주어야 한다. 그것이 자녀의 운을 피게 하는 길이다.

때론 옳지 않은 방법으로 많은 돈을 벌고 이를 과시하는 사람도 있다. 하지만 시간이 지나 그 사람의 살아온 이력을 보았을 때 때론 그 인생의 말로가 순탄치 않은 경우도 많이 있다. 사필귀정이라는 말처럼 모든 일이 바르게 흘러갈 것이다. 물론 우리가 살다 보면 모든 일이 바르게만 흘러가지 않는다. 그 사실이 우리를 무척 괴롭게 만들고 힘들게 한다. 하지만 그런 인생의 행로 속에서 우리가 우리를 속이지 않고 감사하고 기다리는 마음으로 운을 대한다면 그 기회는 나에게로 올 수 있다. 그리고 그 좋은 기운이 쌓여 나에게서 내 자식에게,

내 이웃으로 그렇게 퍼져나갈 수 있을 것이다.

그래서 부모의 운이 어떻게 자녀의 운을 바꾸는지 내게 묻는다면, 나는 항상 같은 말을 한다.

"먼저 본인이 자식이 되길 바라는 방향으로 살아보세요."

아무리 아이가 책을 보길 바란다 해도 부모가 종이 한 장 넘기지 않는다면 아이 역시 자연스레 책이란 고리타분하고 재미없는 것으로 생각한다. 그래서 아이의 운이 달라지길 바란다면 가장 좋은 방법은 부모의 삶을 바꾸는 것이다. 스스로 실천하고 배우며, 아이가 살아가는 삶의 영역 자체를 넓혀주는 것이다.

물론 개개인의 환경이 전부 달라 내가 아이에게 주고 싶은 것을 전부 아이에게 줄 수 없다. 안타까운 일이지만 우리나라에선 부모가 고학력자일수록 자녀의 명문대 진학률이 높다. 부모의 삶이 아이에게 대물림 되는 사회 현상 자체를 전복시키기 위해선 개인으로선 넘어설 수 없는 높은 벽이 있다. 개천에서 용이 난다는 속담도 이제는 정말 옛말이 되어버렸다. 계층 이동이 힘들다는 사실이 각종 지표로 확인되었다.

그러나 그렇다 하더라도 부모는 아이가 가야 할 길을 제시해주는 가장 큰 지표이다. 아이의 방황은 어른들의 실패이다. 아이는 부모를 그대로 흉내를 내기 때문에 부모의 운 역시 따라가려 한다. 그러니 어떤 삶을 아이에게 보여주려 하는지 결정해야 한다. 아이가 스스로 하고자 하는 바를 찾아갈 수 있도록 자신의 환경 안에서 아이에게 보여줘야 한다. 아이는 자라나서 부모가 자신과 어떤 시간을 보냈으며, 그 시간의 의미가 무엇이었는지 돌아볼 것이다.

때론 자신이 돈만 벌어다 주는 기계가 아니냐고 한탄하는 부모가 있다. 자녀가 자신을 그렇게 생각한다면, 부모 스스로 아이와 어떤 시간을 보냈는지 유추하기도 쉽다. 아이는 부모를 보고 자란다. 그리고 어린 시절의 어떤 잔상은 쉬이 사라지지 않는다. 때론 어린 시절, 손을 잡고 걸었던 어느 길의 풍경이나 그날 느꼈던 바람 냄새를 오래 기억하기도 한다. 아이는 자신의 부모가 얼마나 자신을 정서적으로 지지하고 응원했는지 오래 기억할 것이다.

아이가 도덕적으로 올바르지 않은 방향으로 향하거나 잘못된 선택을 한다면 그것은 순전히 어른들의 탓이다. 사회가 아이를 붙잡아주는 파수꾼 역할을 해주지 못한 셈이다.

그래서 자식의 운을 좋게 하기 위해선 아이가 자라나는 환경 자체를 어떻게 구성하는지가 중요하다. 무엇보다 자식이 무엇을 하고 싶은지 알아차리고 그 적성에 맞는 일을 할 수 있도록 응원해야 한다. 아무리 내 자식이라 하더라도 자식은 내 소유물이 아니다. 부모는 자식의 인생을 대신 살아줄 수 없다.

내게 찾아와 자식의 운을 물어보는 손님 중에는 때론 자식이 자신이 원하는 대로 살기 바라는 마음에 자식의 운을 망치는 경우가 있다. 행운을 잡으려면 그에게 행운을 줄 수 있는 장소로 움직여야 한다. 하지만 부모의 욕심이 자식의 운과 상충 되는 경우가 많다. 가장 흔한 경우는 아이가 공부에 소질이 없는데, 무작정 좋은 대학에 보내야겠다는 욕심에 사로잡혀 무리한 목표를 설정하는 것이다. 아이의 성적을 물어보니 그리 좋은 성적이 아니었다. 그래서 솔직하게 얘기해주었다.

"이 아이는 공부로 잘될 것 같지 않아요. 목표를 다시 설정하는 것이 좋을 것 같습니다."

그렇게 이야기했을 때 많은 부모님이 내게 크게 화를 낸다. 남들이 다 가는 좋은 대학에 보내야 하는데 무슨 소리를 하느냐고 역정을 내거나 소리를 지르기도 한다. 그래서 대학 이름을 보고 아이가 원하지 않는 학과에 보내거나, 무리한 일정 속에 아이를 가둬둔다. 아이는 자신의 목적이나 목표에 맞지 않는 학교에 진학해 적성과 재능이 맞지 않아 점차 기운을 잃어버린다. 그렇게 활력을 잃고 자신감을 잃으면서 그에게 통하는 운의 길이 사라진다. 일단 대학교에 입학한 후 편입이나 전과를 하면 된다고 하지만 그 길 역시 쉽지 않다. 그래서 길을 잃어버리고 방황하는 이십 대 청년 역시 자주 찾아볼 수 있다. 부모의 뜻에 따라 살다 보니 운 자체가 움직일 틈이 없다.

운이라는 것은 갈림길이라고 했는데, 그 갈림길에서 스스로 선택할 기회를 잃어버린 채로 살아간다. 자신이 진정 좋아하는 것이 무엇인지, 적성이 무엇인지 스스로 생각할 기회도 없이 그저 누군가 골라준 길을 걸어간다. 이런 상황은 굉장히 위험하다고 볼 수 있다. 자신에게 맞는 길을 가면 그 시간 안에서 배우고 성장할 수 있지만, 자신과 전혀 맞지 않는 길을 걸어간 아이들은 그 시간을 모두 상실한 채 돌아와 내게 상담을 청한다.

운이란 정말 우습게도 내게 맞는 장소에 있거나, 내가 목표하는 곳에 있을 때 더 큰 운을 불러올 수밖에 없다. 운이 나와 비슷한 생각을 하는 사람들을 불러 모으기 때문이다. 내가 예술에 관심이 있다면 자연스레 내 옆에는 예술에 관심 있고 예술을 꿈꾸는 사람이 몰리게 되어있다. 자신과 같은 길을 걸어가고, 같은 시각으로 세상을 바라보는 사람들은 지금 당장은 아니더라도 언젠가 내게 기회를 가져다줄 수 있다. 나는 그림을 그리고 싶은데 모두 다른 학문에 뜻이 있는 사람들만 모여 있다면 내가 열심히 그림을 그려도 내 그림에 대해 조언을 해줄 수 있는 사람이 없을 것이다. 또 함께 그림을 그리다 보면 서로가 서로에게 영향을 받아 더 발전할 수 있다. 더 풍부한 생각과 배움을 경험할 수 있다. 혼자 그림을 그리고 있으면 깊이 고뇌할 수 있겠지만 다른 이로부터 자극을 받거나 영향을 받는 일은 없다. 또 그 사람들이 나중에는 의외의 장소에서 내게 기회를 가져다줄 수 있다. 모든 것이 우연처럼 여겨지지만 어쩌면 그것이 나중에는 자신이 구축해놓은 필연이 될 수도 있다.

그래서 자식 문제로 나를 찾아온 부모들에게 항상 강조해 이야기한다. 바다에서 태어났으면 더 큰 바다를 향해 나아가야 하는데 부모는 자꾸만 자식을 좁은 강물에 가두려 한다. 사주팔자는 내가 태어날 때부터 죽을 때까지의 타고난 적성과 재능이다. 그런데 운은 계속 변하니, 그 적성과 재능을 어떻게 운용하는지는 개인의 몫이다. 그런데 부모는 그것을 잘 알지 못한 채로 적성과 재능을 잘 쓸 수 없는 환경에 아이들을 가둬두고 몰아세운다.

그래서 내게 아이가 나아갈 방향을 물어봤을 때 나는 최대한 솔직하고 냉정하게 이야기해준다. 그때의 결정이 앞으로의 인생에 큰 영향을 끼치기 때문이다. 운동을 잘할 것 같은 친구에게 운동하라고 이야기해주고, 손재주가 좋은 아이에겐 기술을 배우는 것을 추천해주고, 학문에 뜻이 있을 것 같은 아이에겐 계속 공부할 수 있는 환경을 추천해준다. 자신이 원하는 바가 뚜렷이 있던 부모는 처음에는 내게 욕을 하기도 한다.

"왜 애 앞길을 막아버리려 하세요."라고 크게 화를 내기도 한다. 하지만 모든 일엔 다 때가 있으므로 그때를 놓치지 않고 하고 싶은 바를 해낼 수 있는 환경을 만들어주는 것이 무척 중요하다. 그 시기에 원하지도 않던 공부를 해서 시간 낭비를 하기보다는 스스로 원하는 것을 찾아서 할 수 있게 해주는 것이 아이의 운을 좋게 만드는 데 더 효과적이다.

한번은 자식이 3등급이 나오는데 어떻게 해야 할지 모르겠다며 자식을 데리고 상담에 온 부모가 있었다. 그 아이의 사주팔자와 관상을 살펴보니 공부를 할 운명이 아니었다. 다행히 집안이 넉넉한 편이라 어릴 때부터 유학을 보내고 공부를 열심히 시켜서 어느 정도 성적은 나오지만, 아무리 좋은 과외를 붙이고 학원을 보내도 성적이 더 향상되지 않았다.

"이 친구는 아무래도 공부보다는 본인의 체력이나 기술을 활용할 수 있는 곳으로 가는 게 좋겠어요."

그러자 부모 역시 놀란 눈으로 쳐다보았다.

"사실 애도 자꾸 헬스 트레이너를 하겠다고 그러네요."

하지만 부모로서는 자식이 대학에 가지 않고 헬스 트레이너부터 한다고 하니 지레 겁이 난 것이다. 그러나 아무리 봐도 그 아이에게 공부 길이 보이지 않았다. 부모와 오랜 상담 끝에 나는 그에게 다른 길을 몇 가지 제시해주었다. 아이가 원하는 부분을 살릴 수 있으면서 동시에 부모가 원하는 안정적인 직업 사이에서 절충한 것이다.

아이는 졸업 후 부사관 시험을 볼 수 있는 기술 학원으로 공부하러 갔다. 그리고 그곳에서 항공 정비를 배웠다. 다행히 무언가를 만지거나 손보는 기술에 관심이 있던 아이는 그 안에서 헬기 조종을 배우고 5년 수료를 마쳐 헬기 정비 쪽으로 진로를 틀었다. 그리고 현재에는 헬기 조종과 정비 경력을 살려 대기업에 입사해 큰돈을 벌고 있다고 한다. 생각지도 못한 방향으로 인생이 흘러갔지만, 자신의 재능과 적성을 살리자 오히려 운이 잘 풀린 케이스였다. 만약 그때 부모가 고집을 부려 아이의 마음을 이해해주지 못하고 공부 쪽으로만 방향을 굳히려 했다면 아이는 어중간한 성적으로 부모가 원하는 대학에 입학하지 못했을 것이다. 하지만 부모는 상담을 받은 후 아이의 적성과 재능, 그리고 앞으로의 방향성을 이해해주었고 그로 인해 아이의 운은 상승 기류에 올라탔다.

또 다른 케이스는 오히려 학문에 꿈이 있지만, 본인의 재능과 적성이 그에 미치지 못하는 경우였다. 이 손님 같은 경우에는 가고자 원하는 대학이 분명했다. 하지만 시험을 볼 때마다 성적이 그에 미치지 못해 고민이라고 하였다. 부모와 함께 깊은 이야기를 나눈 후 내가 제안했다.

"반드시 그 대학에 가야 한다면 길을 돌아가는 방법도 있어요."

손님은 일단 현재 성적에 맞춰 원서를 넣어 합격한 후 바로 군대에 갔다. 손님은 절대 그 시간을 허투루 쓰지 않았다. 군대에서 열심히 준비해 편입 원서를 넣었고 그토록 원하던 대학에 합격할 수 있었다. 다양한 입학 전형이 있어서 자신에게 맞는 전형을 찾아 준비한 것이다. 목표가 있을 때 어떤 길을 갈지 선택하는 것 역시 자신의 능력이다. 만약 내가 운전을 하지 못한다면 때론 비행기를 타거나 기차를 타는 등 자신만의 방법을 찾아 준비하면 된다. 자신의 능력에 맞지 않거나 길이 너무 높고 가팔라 가지 못한다고 여기고 포기할 필요가 없다. 우리가 가고자 하는 목표는 다양한 길로 열려있다.

꼭 어려운 길을 가야 행운이 따르는 것은 아니다.

남들이 보기엔 말도 안 되거나 돌아가는 길이더라도 운이 따르는 경우가 있다. 정석으로 목표를 성취하지 않았다고 해서 그 길이 틀린 것은 아니다. 인생을 살아가며 때론 힘들고 고된 길을 걸어 목표를 성취하는 예도 있지만, 때론 지름길로 돌아가게 되는 예도 있다.

산에 올라가는 것과 비슷하다. 어떤 날은 한 걸음, 한 걸음 온몸에 힘을 실어 바위투성이 길을 걸어가야 하지만 때론 주변 풍경을 바라보며 시원한 바람을 맞으며 케이블카를 타기도 한다. 3시간짜리 코스가 있는가 하면 12시간을 걸려 올라가야만 하는 길도 있다. 물론 빠른 시간 안에 원하는 목적을 쟁취하는 것이 좋겠지만 때론 내가 원하는 목적을 이루기 위해 12시간이 걸리는 길을 걷게 되기도 한다. 가는 길도 시간도 방법도, 함께하는 사람도 다를 수 있다. 때론 걷기도 때론 뛰기도, 어떤 경우에는 너무 힘이 들어 기어갈 때도 있다.

자식의 운을 망치는 부모는 자기 뜻대로 자식을 휘두르려 하지만 자식의 운을 활짝 펼쳐주는 부모는 자식이 가고자 하는 방향을 지지해주고 응원하며, 그의 적성과 재능을 알아봐준다. 그래서 그 길이 얼마나 걸리든 간에 존중해준다. 그래야 자식도 자기 뜻을 펼쳐 큰 대운을 얻을 수 있다.

┤ Point! ├

1. 자식의 운이 좋아지기 위해서는 부모의 자세가 중요하다.
2. 부모가 원하는 인생을 자식에게 강요하는 것은 자식의 운을 망칠 수 있다.

나와 맞는 사람과
결혼하는 법

세 커플이 있다. 한 커플은 정말 사랑해서 결혼했고, 두 번째 커플은 친구처럼 서로를 존중하는 사이이고, 나머지 한 커플은 조건이 맞아 결혼했다. 과연 어떤 커플이 제일 오랫동안 사이좋을 수 있을까?

보통 사람이라면 서로 사랑해서 한 결혼을 꼽을 것이다. 하지만 예상외로 조건에 맞춰 결혼하는 경우가 제일 오래 갈 수 있다. 그만큼 목적성이란 것이 중요하다. 처음부터 서로의 처한 환경을 잘 알다 보니 사건이 발생해도 서로 예상 가능한 범위에서 반응할 수 있다. 예상외로 서로 사랑해서 결혼하는 경우 쉽게 갈라서는 일이 많은데 바로 운에 속아서이다. 아무리 콩깍지가 씌었어도 1, 2년 이내에 벗겨지는 경우가 많다. 그리고 그 콩깍지가 벗겨지기 시작되면 불같이 사랑하던 사이도 원수가 된다. 그래서 사랑하는 사이에 서로를 생각하는 마음도 중요하지만 궁합과 시기 역시 잘 맞아야 한다.

그리고 무엇보다도 서로 추구하는 바가 같아야 한다. 서로 다른 것을 추구하는 사람이 함께하면 그 길이 무척 고될 수 있다. 어떤 사람은 돈을 추구하는데, 다른 한 명은 돈을 추구하지 않는다면 그들은 십중팔구 돈 문제로 싸우게 된다. 그래서 부부 사이에도 재산 관리 문제로 싸우는 경우가 매우 많다. 또 어떤 사람은 공부를 계속하려 하지만, 다른 사람은 뜻이 없다면 두 사람은 그 문제로 싸울 수 있다. 그래서 취미가 다르거나 서로를 만날 때 지향하는 것이 다르다면 쉽게 틀어지기 쉽다.

하지만 이렇게 서로가 지향하는 바가 달라도 사랑에 빠질 수 있는데, 운에 속는 경우가 그렇다. 어떤 시기와 조건이 맞아 오래 함께할 궁합이 아님에도 어느 순간 사랑에 빠지게 된다. 그래서 불같이 타오르는 에로스적 사랑의 순간에도 앞으로 함께하는 사람과의 미래를 그리며 그 사람과 함께하는 목적성이 무엇인지를 확실히 정립해야 한다.

또 내게 없는 장점이 있어 존경할 만한 사람을 만난다고 해도 바로 그 이유로 사이가 틀어질 수 있다. 내가 존경하고 존중하는 사람을 만난다는 것은, 그 사람에게서 내가 가지고 있지 않은 무언가를 발견한 것이다. 그래서 그 사람의 어떤 점을 존경하고 존중하는 한편 마음으로 그에 대한 보상 심리를 가지게 될 수 있다. 자신의 못 이룬 꿈을 자녀에게 투영하는 부모처럼, 결혼 상대에게도 자신이 못 이룬 것을 지나치게 투영하는 사람이 많다. 그래서 어떤 부분이 존경스러워서 관계를 시작하여도 사랑하거나 조건에 맞는 결혼이 아니어서 깨어질 수 있다.

무엇보다 자기 스스로가 오롯이 서서 목표를 가지고 살아가야 한다. 요즘은 운의 흐름이 빠르고, 서로 다양한 가치관을 가지고 행복을 선택하기 때문에 결혼이라는 제도 자체가 흔들리고 있다. 이혼율역시 가파르게 치솟고 있고, 비혼을 선택하는 사람들도 많이 늘어났다. 그만큼 운의 흐름이 빠르게 변화하고 있어서 스스로 자신이 정말 원하는 것이 무엇인지 마음에 새겨야 한다. 일단 결혼을 하게 되면 두 사람의 이익과 손해가 발생할 수밖에 없다. 그래서 두 사람의목표 지향점이 같거나 나의 중심이 잘 잡혀 있어야 서로 다치지 않는 생활을 이어나갈 수 있다.

물론 운의 흐름 역시 맞아떨어져야 한다. 만약 두 사람의 운의 흐름이 지나치게 차이가 난다면 이 역시 싸움의 불씨가 될 수 있다. 한사람의 운이 계속 올라가는데, 다른 한 사람의 운은 떨어진다면 두 사람의 차이가 크게 벌어져 곤란해질 수 있다. 그래서 손님들이 와서 사주를 볼 때 함께 온 두 사람의 운이 같은 흐름인지 아닌지를 확인한다. 두 사람의 운이 비슷한 시기에 성장하는 추세일 때 두 사람의 사이가 원만하게 유지된다. 한 사람은 계속 성장하는데 다른 사람은 주춤한다면, 그 이유로 헤어질 확률이 높다. 쉽게 비유해 함께 산을 등산하기 위해 입구 초입에서 만나도 두 사람의 체력이 달라 어떤 사람은 산 정상까지 오르고, 어떤 사람은 산 중턱에서 멈춰 서는 것이다. 어쩔 수 없이 산 정상에 올라간 사람은 산 정상의 시각으로 풍경을 보게 되고, 중턱에 멈춰선 사람 역시 산 중턱의 시각으로 풍경을 바라본다. 두 사람이 서로 자신이 바라보고 있는 것을 이야기한다면 서로 다른 풍경을 이야기할 수 있다. 그래서 운의 흐름 역시 무척 중요할 수밖에 없다.

Point!

1. 누군가와 만남을 선택할 때 목적성이 중요하다.
2. 서로 운의 흐름이 맞아야 한다.

부록

2022년
띠별
총운세

① 쥐띠(子) - 삼재

년도	1996년	1984년	1972년	1960년	1948년
나이	27세	39세	51세	63세	75세
1년 총운	★★★★★	★★★☆☆	★★☆☆☆	★★☆☆☆	★★★☆☆
1월 - 3월	★★★★★	★★☆☆☆	★★☆☆☆	★★★★★	★★★★★
4월 - 6월	★★★☆☆	★★★☆☆	★★☆☆☆	★★☆☆☆	★★★★★
7월 - 9월	★★★★★	★★★★★	☆☆☆☆☆	★★☆☆☆	★★☆☆☆
10월 - 12월	★★★★★	★★★★★	☆☆☆☆☆	★★★☆☆	★★★☆☆
금전운	★★☆☆☆	★☆☆☆☆	★★☆☆☆	★★★★☆	★★★★★
건강운	★★☆☆☆	★★★☆☆	★★★★★	★★★★☆	★★☆☆☆
애정운	★★★☆☆	★★★★★	★★★★☆	★★★★★	★★★★☆

1) 길흉

① 길 - 서로 힘을 합하면 의외의 행운이 따른다. 새로운 사업 운과
　　　성공 운이 좋다.

② 흉 - 돈 때문에 다툼이 생길 수 있으니 계약 서류를 반드시 살펴야 한다.

2) 총운

① 금전 - 부동산으로 계약 운이 있어 큰돈을 만진다.

② 건강 - 생각보다 몸이 허약하다(혈압, 스트레스 질환 조심).

③ 애정 - 베푼 만큼 들어온다. 애정운이 두텁다. 결혼이 성사된다.

② 소띠(丑)

년도	1997년	1985년	1973년	1961년	1949년
나이	26세	38세	50세	62세	74세
1년 총운	★★★★☆	★★★★☆	★★★★☆	★★★☆☆	★★★★★
1월 - 3월	★★★★★	★★★☆☆	★★★☆☆	★★☆☆☆	★★★★☆
4월 - 6월	★★★☆☆	★★★★★	★★★★★	★★★☆☆	★★★★★
7월 - 9월	★★☆☆☆	★★★☆☆	★★★☆☆	★★★★★	★★★★★
10월 - 12월	★★★★★	★★★★★	★★★★★	★★★★★	★★★★★
금전운	★★★★★	★★★★☆	★★★☆☆	★★★★★	★★★★☆
건강운	★★★★☆	★★☆☆☆	★★☆☆☆	★★★☆☆	★★★★☆
애정운	★★★★★	★★★★☆	★★★☆☆	★★★★☆	★★★★★

1) 길흉

① 길 - 주변 사람의 영향을 많이 받는 해이다. 조상의 덕을 많이 받아
   길한 일이 많이 생긴다.

② 흉 - 주변 사람들에 의해 움직이는 일이 많으니 다툼을
   항상 조심해야 한다.

2) 총운

① 금전 - 기회가 찾아왔다. 새로운 사업이나, 재물을 마련할 수 있는
   좋은 시기이다.

② 건강 - 몸에 기운이 없다. 운동이 필요하다(치과 진료가 필요하다).

③ 애정 - 남녀가 이보다 좋을 수 없다. 부부 화합하고, 미혼은 혼인의
   인연이 있다.

③ 호랑이띠(寅)

년도	1998년	1986년	1974년	1962년	1950년
나이	25세	37세	49세	61세	73세
1년 총운	★★☆☆☆	★☆☆☆☆	★★☆☆☆	★★☆☆☆	★☆☆☆☆
1월 - 3월	★☆☆☆☆	★☆☆☆☆	★★★★☆	★★★★☆	★★☆☆☆
4월 - 6월	★★☆☆☆	★★☆☆☆	★☆☆☆☆	★★☆☆☆	★☆☆☆☆
7월 - 9월	★☆☆☆☆	☆☆☆☆☆	★★★★☆	★★☆☆☆	☆☆☆☆☆
10월 - 12월	★★★☆☆	☆☆☆☆☆	★☆☆☆☆	★☆☆☆☆	★☆☆☆☆
금전운	★★★★★	★★★☆☆	★★★☆☆	★★★☆☆	★★★★★
건강운	★★☆☆☆	★★☆☆☆	★★★☆☆	★★★☆☆	★★☆☆☆
애정운	★★★★☆	★☆☆☆☆	★☆☆☆☆	★★★☆☆	★★☆☆☆

1) 길흉

① 길 - 새로운 곳에 인연과 행운이 있는 해이다. 변화한 곳에 희망이 있다.

② 흉 - 변화와 다툼이 많은 해이다. 자영업자는 너무 벌이지 말아야 한다.

2) 총운

① 금전 - 금전운이 크다. 하지만 재물을 너무 탐내면 재물 때문에
소송이 있을 수 있다.

② 건강 - 교통사고를 조심하고, 뇌경색 역시 조심해야 한다.

③ 애정 - 부부 갈등이 염려된다. 애인 사이에는 다툼 및 이별 수가 있다.

④ 토끼띠(卯)

년도	1999년	1987년	1975년	1963년	1951년
나이	24세	36세	48세	60세	72세
1년 총운	★★☆☆☆	★★★★☆	★★★★☆	★★☆☆☆	★★★☆☆
1월 - 3월	★★★☆☆	★★★★☆	★★★☆☆	★☆☆☆☆	★★☆☆☆
4월 - 6월	★☆☆☆☆	★★★★★	★★★★★	★★★☆☆	★★★★★
7월 - 9월	★★☆☆☆	★★★★☆	★★★★☆	☆☆☆☆☆	★★★★☆
10월 - 12월	☆☆☆☆☆	★★★★☆	★★★★★	★☆☆☆☆	★★★★★
금전운	★★★★☆	★★★☆☆	★★★☆☆	★★★★☆	★★★★★
건강운	★★★☆☆	★★★★☆	★★☆☆☆	★★☆☆☆	★★★☆☆
애정운	★★★★★	★★★★☆	★★☆☆☆	★★☆☆☆	★★★★★

1) 길흉

① 길 - 생각한 대로 계획대로 추진하면 원하는 성과를 얻을 수 있다.

② 흉 - 우선순위를 정하는 것이 좋다. 잘못하면 일만 많고,
　　　실속이 없을 수 있다.

2) 총운

① 금전 - 쓴 만큼 돈이 들어온다. 재물 운은 이보다 좋을 수가 없다.

② 건강 - 건강한 한 해가 된다. 단, 너무 바빠져 건강 관리에 소홀할 수 있다.

③ 애정 - 미혼에는 결혼 운이 있고, 부부애가 좋아 출산의 운도 강하다.

⑤ 용띠(辰) - 삼재

년도	2000년	1988년	1976년	1964년	1952년
나, 이	23세	35세	47세	59세	71세
1년 총운	★★★★☆	★★★☆☆	★★★★★	★★★★☆	★★★★☆
1월 - 3월	★★★★★	★☆☆☆☆	★★★★★	★★☆☆☆	★★☆☆☆
4월 - 6월	★★★★★	★★★☆☆	★★★★★	★★★★☆	★★★★☆
7월 - 9월	★★☆☆☆	★★★★★	★★★★☆	★★★★★	★★★★☆
10월 - 12월	★★★★☆	★★★★☆	★★★★★	★★★★☆	★★★★★
금전운	★★☆☆☆	★★★★★	★★★★★	★★★☆☆	★★★★☆
건강운	★★★★★	★★★☆☆	★★★★☆	★★★☆☆	★★★★☆
애정운	★★★★☆	★★★★★	★★★★★	★★★☆☆	★★★★★

1) 길흉
① 길 - 자영업자나 서비스업에 종사하는 사람은 대박 운이 있다.

② 흉 - 법과 관련된 문제가 생길 수 있다. 계약이나 거래 시 조심해야 한다.

2) 총운
① 금전 - 재물이 넝쿨째 들어온다. 주변에 잘하면 재물 운이 더 커진다.

② 건강 - 대체로 좋은 편이다. 골다공증이나 통풍을 조심해야 한다

③ 애정 - 미혼은 좋은 만남이나, 결혼 운이 생기나, 오래된 만남은
헤어짐이 있다.

⑥ 뱀띠(巳)

년도	2001년	1989년	1977년	1965년	1953년
나이	22세	34세	46세	58세	70세
1년 총운	★★★★☆	★★☆☆☆	★☆☆☆☆	★★★☆☆	★★★☆☆
1월 - 3월	★★★★☆	★☆☆☆☆	★☆☆☆☆	★★★★★	★☆☆☆☆
4월 - 6월	★★★★☆	★☆☆☆☆	★★☆☆☆	★☆☆☆☆	★★☆☆☆
7월 - 9월	★★★★★	★★★★★	☆☆☆☆☆	★★★☆☆	★★★★★
10월 - 12월	★★★★★	★★★☆☆	★☆☆☆☆	★★☆☆☆	★★★☆☆
금전운	★★★★★	★★★★☆	★☆☆☆☆	★★☆☆☆	★★★★☆
건강운	★★★★☆	★★★★☆	★★★★★	★★★☆☆	★★☆☆☆
애정운	★★★★★	★★★★★	★★★★☆	★★☆☆☆	★★★★★

1) 길흉
① 길 - 승진운이 강하고, 새로운 일을 추진할 기회가 생긴다.
② 흉 - 자기가 한 말에 책임을 져야 한다. 주변의 시기로 구설에
　　　 휘말릴 수 있다.

2) 총운
① 금전 - 상반기는 주춤하나 하반기에 재물 운이 상승하니 조금만 기다리자.
② 건강 - 교통사고를 조심해야 한다. 갑작스러운 사고 수가 늘 존재한다.
③ 애정 - 갑작스러운 좋은 만남이 있는 해이다. 주위를 둘러봐라.
　　　　 좋은 인연이 기다린다.

⑦ 말띠(午)

년도	2002년	1990년	1978년	1966년	1954년
나이	21세	33세	45세	57세	69세
1년 총운	★★★★☆	★☆☆☆☆	★★★★★	★★★★★	★★☆☆☆
1월 - 3월	★★★★☆	☆☆☆☆☆	★★★★☆	★★★★★	★★☆☆☆
4월 - 6월	★★★★★	★★☆☆☆	★★★☆☆	★★★★★	★☆☆☆☆
7월 - 9월	★★★★☆	★☆☆☆☆	★★★★★	★★★☆☆	★☆☆☆☆
10월 - 12월	★★★★☆	★★☆☆☆	★★★★☆	★★★★☆	★★☆☆☆
금전운	★★☆☆☆	★☆☆☆☆	★★★★☆	★★★★★	★★★★☆
건강운	★★★★☆	★★☆☆☆	★★☆☆☆	★★★★☆	★★★★☆
애정운	★★★★★	★★☆☆☆	★★★★★	★★★★★	★★☆☆☆

1) 길흉

① 길 - 혼자서는 어렵다. 뜻이 맞는 사람과 일을 하면 큰 성과를 얻는다.

② 흉 - 문서 작성의 문제로 법적 문제가 발생할 수 있다. 공증에 조심해라.

2) 총운

① 금전 - 재물은 천천히 들어온다. 초반에 너무 많은 돈을 들이지 마라.
　　　　재물 운은 후반에 있다.

② 건강 - 몸이 많이 약해진다. 특히 호흡기 질환에 약하다.

③ 애정 - 부부에게는 불화가 보인다. 다툼을 피해야 한다.
　　　　미혼은 결혼을 잠시 미루는 것이 좋다.

⑧ 양띠(未)

년도	2003년	1991년	1979년	1967년	1955년
나이	20세	32세	44세	56세	68세
1년 총운	★★★★★	★★★★☆	★★★★★	★★★★★	★★★★☆
1월 - 3월	★★★★☆	★★☆☆☆	★★★★☆	★★★★☆	★★★★☆
4월 - 6월	★★★★☆	★★★★☆	★★★☆☆	★★★★★	★★★★☆
7월 - 9월	★★★★★	★★★★★	★★★★★	★★★★☆	★★★★☆
10월-12월	★★★★★	★★★★☆	★★★★☆	★★★★★	★★★★★
금전운	★★☆☆☆	★★★☆☆	★★★★☆	★★☆☆☆	★★☆☆☆
건강운	★★★★☆	★★★★☆	★★★★☆	★★★★☆	★★★☆☆
애정운	★★★★☆	★★★★★	★★★★★	★★★★★	★★★★☆

1) 길흉

① 길 - 명예를 얻는 해이다. 재물과 명예 중 명예를 택해야 이득이 크다.

② 흉 - 주식, 펀드 등 투자에 관한 운이 좋지 않다. 재물로 인한 구설이 생긴다.

2) 총운

① 금전 - 재물에 큰 욕심을 두면 실패한다. 위험한 투자는 피하는 것이 좋다.

② 건강 - 식중독을 조심해야 한다. 과식 및 차가운 음식은 피해야 한다.

③ 애정 - 부부나 미혼은 서로 배려하는 마음을 가져야 한다.
　　　　아니면 큰 다툼이 생긴다.

⑨ 원숭이띠(申) - 삼재

년도	1992년	1980년	1968년	1956년	1944년
나이	31세	43세	55세	67세	79세
1년 총운	★★☆☆☆	★★★☆☆	★☆☆☆☆	★★★☆☆	★★☆☆☆
1월 - 3월	★☆☆☆☆	★★☆☆☆	★☆☆☆☆	★☆☆☆☆	☆☆☆☆☆
4월 - 6월	★★★★☆	★★★☆☆	☆☆☆☆☆	★★★☆☆	★★☆☆☆
7월 - 9월	★★☆☆☆	★★★★☆	★☆☆☆☆	★★★★★	★☆☆☆☆
10월-12월	★★☆☆☆	★★★★★	★★☆☆☆	★★★★☆	★★★★☆
금전운	★★★☆☆	★☆☆☆☆	★★☆☆☆	★★★★☆	★☆☆☆☆
건강운	★★★☆☆	★★★☆☆	★☆☆☆☆	★★★☆☆	☆☆☆☆☆
애정운	★★★★★	★★☆☆☆	★★☆☆☆	★☆☆☆☆	★☆☆☆☆

1) 길흉

① 길 - 많은 변화가 예상되는 해이다. 이동과 변화가 생기면 자연스럽게
　　　따르는 것이 좋다.

② 흉 - 이동 수가 많은 해이다. 겸손해야 하며 사람에 신경 써야 한다.
　　　배신 수가 보인다.

2) 총운

① 금전 - 수입이 줄어든다. 재물을 지키기가 쉽지 않다. 과욕을 하면
　　　　불행이 따른다

② 건강 - 음주로 인한 사고에 조심해야 한다.

③ 애정 - 이별의 수가 보인다. 서로 배려하지 않으면 큰 상처를 받을 수 있다.

⑩ 닭띠(酉)

년도	1993년	1981년	1969년	1957년	1945년
나이	30세	42세	54세	66세	78세
1년 총운	★★★★☆	★★☆☆☆	★★★★☆	★★★★★	★★☆☆☆
1월 - 3월	★★★★☆	☆☆☆☆☆	★★★★★	★★★★★	☆☆☆☆☆
4월 - 6월	★★★★☆	★☆☆☆☆	★★★★☆	★★★★☆	★☆☆☆☆
7월 - 9월	★★★★★	★★★☆☆	★★★☆☆	★★★★★	★★★☆☆
10월 - 12월	★★★★☆	★★★★★	★★★★★	★★★★☆	☆☆☆☆☆
금전운	★★★☆☆	★★★★☆	★★★★★	★★★★★	★★☆☆☆
건강운	★★★☆☆	★★☆☆☆	★★★☆☆	★★★☆☆	★★☆☆☆
애정운	★★☆☆☆	★★★★☆	★★★★★	★★★★★	★☆☆☆☆

1) 길흉

① 길 - 횡재수가 크다. 큰 금은보화가 들어오니 관리를 잘해야 한다.

② 흉 - 겸손해야 하며 방심은 금물이다. 행운과 불행은 늘 같이 존재한다.

2) 총운

① 금전 - 많은 재물이 생기는 해이다. 재물 관리가 필요할 때이다.

② 건강 - 음주로 인한 사고가 생길 수 있으니 과음을 절대 삼가야 한다.

③ 애정 - 옛 애인과 다시 결합하고 미래를 약속할 수 있다.

⑪ 개띠(戌)

년도	1994년	1982년	1970년	1958년	1946년
나이	29세	41세	53세	65세	77세
1년 총운	★★★☆☆	★★★★☆	★★★★★	★★★★☆	★★★★★
1월 - 3월	★★★★☆	★★☆☆☆	★★★★★	★★★★★	★★★★★
4월 - 6월	★★☆☆☆	★★★★☆	★★★★☆	★★★★☆	★★★★☆
7월 - 9월	★★★☆☆	★★★★★	★★★★★	★★★☆☆	★★★★★
10월 - 12월	★★★★☆	★★★★★	★★★★★	★★★★★	★★★★★
금전운	★☆☆☆☆	★★☆☆☆	★★☆☆☆	★★★☆☆	★★★☆☆
건강운	★★☆☆☆	★★★★☆	★★★★★	★☆☆☆☆	★★★★☆
애정운	★★★★☆	★★★★★	★★★★☆	★★★★★	★★★★★

1) 길흉

① 길 - 적극적인 자세가 필요하다. 맡은 일에 최선을 다하면 이득이 크다.

② 흉 - 구관이 명관이다. 지금의 자리를 지키는 것이 좋지 이동과 변화는 불행만 생긴다.

2) 총운

① 금전 - 지금의 자리를 지켜야 할 때이다. 이직이나 새로운 사업은 위험하다.

② 건강 - 과도한 운동은 건강을 해칠 수 있다. 혈압을 조심해야 한다.

③ 애정 - 미혼자는 애인이 들어오거나 결혼의 운이 있다. 애정이 좋은 해이다.

⑫ 돼지띠(亥)

년도	1995년	1983년	1971년	1959년	1947년
나이	28세	40세	52세	64세	76세
1년 총운	★★☆☆☆	★★★☆☆	★★★★★	★★☆☆☆	★★★★☆
1월 – 3월	★★☆☆☆	★★☆☆☆	★★★★☆	★★☆☆☆	★★★★★
4월 – 6월	★★☆☆☆	★★★★★	★★★★☆	★★☆☆☆	★★★★★
7월 – 9월	★☆☆☆☆	★★★☆☆	★★★★★	★☆☆☆☆	★★★☆☆
10월–12월	☆☆☆☆☆	★★★☆☆	★★★★★	★★★☆☆	★★★★☆
금전운	★☆☆☆☆	★☆☆☆☆	★★★☆☆	★★★★☆	★★★☆☆
건강운	★★★☆☆	★★★★☆	★★★★☆	★★★☆☆	★★★★☆
애정운	★★★★☆	★★★☆☆	★★★★★	★★★★☆	★★★★★

1) 길흉

① 길 - 좋은 사람이 많이 들어오는 해이다. 좋은 인연을 맺을 기회이다.

② 흉 - 남에게 이용당할 수 있는 운이다. 내 돈이 들어가는 사업은
특히 조심해야 한다.

2) 총운

① 금전 - 상반기에는 재물 운이 줄어든다. 하반기에 다시 회복한다.

② 건강 - 움직여야 한다. 비만이나 당뇨가 생길 수 있다.

③ 애정 - 권태기를 조심해야 한다. 서로 많은 대화가 필요하다.
오해가 화를 부른다.

4장

마음이
운을 지킨다

노력해야 간절함도
응답한다

간절히 원하면 이루어진다는 이야기가 있다. 하지만 아무리 간절히 원해도 이뤄지지 않는 일도 부지기수이다. 왜 그럴까? 간절함이 부족해서일까? 그렇지 않다. 우리가 어렸을 적 우리는 항상 '우리의 소원은 통일'이라는 표어를 쓰고, 해마다 통일을 바라는 행사를 열곤 했다. 하지만 전 국민의 바람이었음에도 여전히 우리나라는 분단 국가이다. 우리의 간절함이 부족해서라기보다는 상황과 때가 맞지 않고, 그 노력이 여기저기로 나뉘어져 힘이 부족했기 때문이다. 간절함 역시 어떤 행위를 한 다음, 한 끗 차이에서 힘을 발휘한다.

물 한 바가지를 떠놓고 "공부 잘하게 해주세요. 시험 합격하게 해주세요." 기도한다고 어느 순간 내가 몰랐던 지식을 전부 알게 되거나, 시험에 합격하는 비결을 깨우치는 것이 아니란 건 모두가 잘 알고 있지 않은가? 내가 어떤 일을 그만큼 노력했고 그 노력의 결실을 기다릴 때 간절함은 힘을 발휘한다. 장담하건대, 충분히 노력했다고 말할 수 있는 상황에서 내가 간절한 마음으로 기다린다면 그 간절함은 통하기 마련이다.

이를테면 내가 어느 연예인을 좋아한다고 해보자. 과장된 예로, 내가 좋아하는 연예인과 결혼하고 싶다고 간절히 기도한다고 해도 그와 결혼할 확률은 현저히 낮다. 정말 그를 만나보고 싶다면 하다못해 그가 일하고 있는 엔터테인먼트 회사라도 들어가기 위해 노력해야 한다. 적어도 그 사람과 만날 수 있는 환경으로 움직여야 한다. 그리고 나 역시 그 사람과 견줄 수 있는 나 자신만의 위치를 지키고 있어야 한다. 상대의 마음을 헤아리지 않은 채로 무작정 만나자고 찾아가거나, 마음을 밀어붙이면 스토커가 될 뿐이다. 과장된 예시이지만 그만큼 내가 뭔가를 원하고, 성취하길 원한다면 그에 맞는 행동을 하고 그 바람에 맞는 지위를 획득하기 위해 노력해야 한다. 한 끗은 그때 힘을 발휘한다. 그래서 자신이 좋아하는 것을 계속하다 보니 우연히 인생이 잘 풀려 크게 성공한 사람이 많다. 관심이 가는 일을 계속 시도하다 보니 그 힘이 성과를 낸 것이다. '진인사대천명'이란 말도 '하늘의 뜻'에 맡기는 것보다 '내가 내 일의 최선을 다한 후'에 초

점이 맞춰져 있다. 간절함이 빛을 발하는 때는 바로 내가 내 일에 마지막 순간까지도 열과 성을 다한 순간이다.

그 후로는 내가 가진 마음가짐이 목적성을 띠고 나를 도와줄 수 있다. 스스로 된다고 마음을 먹으면 그 마음이 활력소가 되어 나를 조금 더 움직이게 만든다. 부정적인 말이 문제가 되는 건 그 말이 내 움직임을 자꾸만 주저하게 만들어서이다.

'나는 이것밖에 안 돼. 나는 할 수 없어.'라는 그 마음이 내 행동을 멈추게 하고 한 걸음, 한 걸음을 더디게 걷게 만든다. 내 마음에 긍정이 필요한 이유는 스스로 용기를 주기 위해서이다. 마음을 달리하는 일은 힘든 길을 걸어가는 내게 쉼터가 되어줄 것이다.

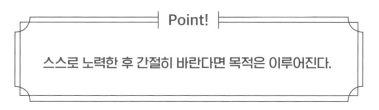

Point!

스스로 노력한 후 간절히 바란다면 목적은 이루어진다.

나의 마음이
약하다고 느낄 때

　때론 자신의 마음이 너무 나약하거나, 남들보다 유약하다는 생각에 괴로워하는 사람이 많이 있다. 슬픔이나, 아픔, 고통을 다른 사람보다 오래 기억하며 자신을 탓하는 사람도 많다. 어릴 적 상처받았던 기억에 사로잡혀 단단한 자기만의 성벽을 만드는 사람도 있다. 그런 사람은 상황에 상처 입을까봐 두려워 마음을 단단히 잠그고 타인을 밀어내거나, 자기 자신을 혐오한다. 그런데 이런 슬픔이나 두려움, 열등감, 분노를 간직하고 있다면 그 사람의 운이 나빠질까?

　그렇지 않다. 가끔 손님의 관상을 보거나 손금을 볼 때 보면 감정선이 두 개, 세 개, 많으면 네 개인 사람도 있다. 사주 자체가 불안정한 사람도 매우 많다. 하지만 그렇다고 이 사람의 운이 나쁘다고 볼 수는 없다.

툭 하면 눈물을 터트리는 사람이 있는가 하면, 어떤 사람은 아무리 심각한 상황에서도 감정을 잘 조절한다. 우리는 타인 앞에서 감정을 잘 관리하는 사람을 더 훌륭하거나 나은 사람으로 여기지만 두 사람의 태어난 성질이 다르므로 표현하는 바가 다를 뿐이다. 어떤 사람이 더 훌륭하거나 나은 사람이라고 말할 순 없다. 쉽게 마음이 흔들리거나 감정을 드러나는 사람은 다른 사람들과 느끼는 자극이 다르다. 이런 사람은 개인의 성향 자체가 남보다 풍부한 감수성을 가지고 있다. 모든 사람은 각자 자기만의 성향을 가지고 있다. 문제는 자신의 성향을 인정해주지 않은 환경 속에서 그 성향 자체를 부정하려 하다 쉽게 자기혐오에 빠지게 된다는 점이다.

스스로 자신의 감정을 인정하고, 그 감정이 힘을 실을 수 있는 곳으로 움직인다면 감정 기복이 심하다 하더라도 그것이 장점이 될 수 있다. 어떤 사람은 자신의 감정을 폭발시켜 그 감정을 음악으로 표출하거나, 글을 쓰거나, 그림을 그린다. 그 감정이 그 사람에게는 마이너스가 아니라 플러스가 되는 것이다. 훌륭한 예술 작품은 때때로 지독한 슬픔이나 고통 속에서 창조되기도 한다. 작가의 마음이 깊이 담겨 있으므로 그 작품을 보면서 많은 사람이 자신의 감정을 투영하고 공감한다. 내 것이 아닌 감정을 나의 것으로 느껴지게 만드는 예술의 힘은 작가의 깊은 고민 속에서 탄생된다.

상담을 하다 보면 현재 살아 있는 것이 신기할 정도로 감정선이 날카로운 사람이 있다. 특히 감정을 분출하는 것을 업으로 삼은 예술 계통의 사람이 오면 그 기운에 놀랄 때가 많다. 감정 기복이 너무 심해 우울증이나 공황 장애같이 마음의 병을 가지고 있는 경우도 많다. 병을 앓고 있어 약을 처방받아 먹으며 일상생활을 이어가는 것이다. 그 사람의 삶을 보면 스스로 자신이 처한 상황을 인정하며 본인의 감정을 자신만의 방법으로 풀어나간다. 자신의 상태를 잘못된 상태로 보지 않고, 스스로 그 감정의 탈출구를 찾아내 부정적인 감정을 좋은 방법으로 분출해낸다. 그래서 영화 속 다른 사람의 인생을 연기하며 감정을 적극적으로 표현하고 사람들에게 뛰어난 연기로 인정받는다. 스스로가 남과 다르다고 하여 자신을 탓하고 원망할 필요가 없다. 자신을 있는 그대로 인정하고, 남들과 다른 점을 활용하면 오히려 더 큰 효과를 낼 수 있다. 어떻게 감정을 표출하느냐에 따라 내겐 강점이 될 수도 있다.

그런데 만약 나를 인정해주지 않는 환경 속에서 잘못된 방법으로 감정을 분출하게 된다면 그때부터 문제가 생긴다. 만약 내가 내 감정을 일방적으로 주변 사람들에게 분출한다면 내 주변 사람들은 나 때문에 무척 힘겨울 것이다.

다른 사람을 감정의 쓰레기통처럼 사용하는 사람이 있다.

내 감정을 해소하기 위한 도구로 타인을 사용하는 것이다. 직장에서 상사가 부하 직원에게 자신의 일방적인 기분을 토로하거나, 집 밖에서 당한 설움을 집 안에서 분출하는 경우가 그러하다. 그런 사람은 자신의 감정값을 타인에게 부과한다. 감정을 처리하는 방법을 잘못 배운 것이다. 그런 사람 곁에 있으면 다른 사람들이 덩달아 힘겨워진다. 심한 경우엔 타인의 감정을 조종하려는 사람이 있다. 그래서 우울하거나, 불안한 사람의 곁에서 힘들어진 사람도 많이 보았다.

어떤 감정이든 쓸모없는 감정은 없다. 그 감정이 내게 찾아왔을 때 자신의 상황에 맞춰서 잘 분출하고 그 감정의 힘으로 또 다른 좋은 상황을 만들어내면 된다. 다만 감정의 힘에 자기 자신을 잃고 누군가에게 그 감정을 휘두르거나 자신을 그 감정의 희생양으로 삼으면 안 된다. 마음가짐을 달리한다는 뜻은 그런 의미이다. 그래서 자신의 감정을 탓하지 않고 마음을 달리해야 운의 흐름 역시 더 좋은 쪽으로 필 수 있다. 내 마음이 어느 쪽으로 향해야 할지 기로를 마련해둬야 한다. 내가 부산으로 향하는 기차표를 끊어야 부산에 안전히 도착하듯이, 내 마음의 길도 스스로 정립해야 한다.

나를 단정히 하는 것은
내 운에 큰 도움을 준다

어떤 사람이 큰 사고나 문제를 일으켰을 때, 사람들은 "관상은 역시 거짓말하지 않는다."라고 입을 모아 이야기한다. 우리는 타인의 얼굴과 모습을 통해 그 사람을 판단하고 평가하는 데 익숙하다.

미국 대통령 링컨의 명언 중에는 "마흔이 넘으면 자신의 얼굴에 책임을 져야 한다."라는 말이 있다.

링컨이 면접자를 떨어트리며 얼굴이 마음에 들지 않는다고 하자 면접자를 추천한 사람이 물었다.

"얼굴은 부모가 준 것이니 그 사람의 잘못은 아니지 않습니까?"

그러자 링컨이 대답했다.

"마흔이 넘어서는 자신의 얼굴에 책임을 져야 합니다."

이 유명한 일화에서 알 수 있는 것은 우리가 살아온 시간 동안 우리 스스로 어떤 말을 해왔고 어떤 표정을 지었느냐에 따라 개인이 가지는 인상이 달라질 수 있다는 사실이다. 다른 사람에게 많이 웃고 친절한 사람이라면 평소의 그런 표정과 느낌이 얼굴에 남아 있을 것이고, 반대로 누군가에게 늘 퉁명스럽게 굴고 화를 냈다면 그 모습 역시 얼굴에 남아 있을 것이다.

우리가 처음 본 누군가를 판단하는 데에는 많은 시간이 들지 않는다. 타인의 얼굴을 보고 첫인상을 결정하는 시간은 0.1초 미만이라고 말할 정도로 매우 짧다. 그래서 다른 사람에게 내가 어떻게 보이는지 알기 위해서는 내가 평소에 어떤 말과 행동을 했는지 돌이켜 생각해야 한다. '관'이라는 것은 이 사람의 현재 상태를 관찰하라는 뜻이다. 그래서 다른 사람에게 보여주고 싶은 자신의 모습이 무엇인지 스스로 결정해야 한다.

내 몸을 가꾸는 것 역시 내 운을 바꾸는 데 도움을 준다. 마음이 혼란한 사람은 가벼운 운동부터 시작하는 것이 좋다. 걸으며 자신의 고민거리를 조금씩 떨쳐내는 것이다. 몸을 건강히 가꾸는 것은 내 마음이 불안할 때 그 마음이 회복되는 시간을 줄여준다.

그렇지만 뭐든 급작스럽게 바꾸는 것은 좋지 않다. 체중이 많이 나가던 사람이 과격하게 체중 감량을 하면 그 사람의 운 역시 급히 바뀔 수 있다. 체질이 바뀐다는 것은 마음 역시 바뀐다는 것이다. 그래서 뭐든 시간을 두고 천천히 바꿔나가야 한다.

옷이 날개라는 말이 있다.

그만큼 의복이 중요하다는 뜻이다. 때론 옷은 신분을 만들기도 하고, 그 마음가짐을 보여주기도 하며, 그 사람의 성격을 상징하기도 한다. 군복을 입은 군인은 군복을 입음으로써 군인의 마음가짐을 가지게 되고 나라를 대표하는 상징이 된다. 그래서 상황과 때에 맞는 의복을 고르는 것 역시 내 마음가짐을 보여주는 좋은 방법이다.

개성을 뽐내는 자리엔 마음 내키는 대로 내게 어울리는 옷을 입지만, 정중한 모임 자리에선 양복을 입듯이 내가 있어야 할 위치에 따라 나의 마음가짐 역시 달라진다. 그래서 내가 하고자 하는 목적성에 따라 옷과 표정, 그리고 마음을 정확히 둬야 한다. 사람들에게 믿음을 주려면 그 위치에 맞는 행동을 하여야 한다.

요즘엔 외관을 바꾸는 방법이 많이 늘었다. 외모를 바꾸기 위해 화장을 하기도, 성형 수술을 하거나, 몸에 문신하기도 한다. 손님 중에는 자신의 얼굴이 마음에 들지 않아 얼굴을 고치면 운이 달라지는지 묻는 경우가 종종 있다. 외관이 바뀌면 운 역시 당연히 바뀔 수 있다. 하지만 외관이 바뀌어서 운이 변한다기보다는 외관이 변화함에 따라 태도가 달라지기 때문에 변화한다고 볼 수 있다. 자신감이 없는 사람이 스스로 만족할만한 외관을 가지게 되었을 때 자연스레 그의 태도 역시 바뀔 수 있다. 문신하거나, 성형하거나, 화장하는 것 역시 마찬가지이다. 나에 대한 확신과 만족감이 달라졌기 때문에 그 태도가 말과 행동에 묻어나오고 자연스레 운이 바뀌게 되는 것이다. 달리 말해 꼭 내 외관을 달리할 필요는 없지만 마치 차를 튜닝하면 새로운 기분을 낼 수 있듯이 나의 모습에 변화를 주어 새로운 운의 흐름을 만드는 것이다.

신기한 것은 내가 실제로 그런 사람이 아니더라도 보여주고 싶은 어떤 모습을 오랫동안 연기한다면, 실제 그런 사람의 운을 얻게 될 수도 있다는 것이다. 때론 우리는 남들에게 친절히 대하고, 선한 행동을 하려고 노력하는 사람에게 가식적이고 위선적이라고 욕한다. 하지만 만약 그 사람이 실제 그런 사람이 아니라 하더라도 오랫동안 타인에게 그런 모습을 보이려 노력하고 행동한다면 그 운이 그에게로 갈 수 있다. 오토바이 엔진을 달고 있어도 겉모습이 스포츠카라면 사람들은 그 차가 스포츠카라고 믿을 것이다. 그래서 위악적인 것보다는 차라리 위선적으로 행동하는 것이 낫다. 그 내실이 점차 쌓이면 안이 공허한 사람도 자신의 것을 점차 쌓게 된다. 그러면 그 사람에게도 자신만의 시야가 생기는 것이다. 물론 스스로 겉모습을 따라 하면서도 아무런 사유가 없다면 텅 빈 허수아비가 될 수 있다. 결국, 자신을 얼마나 가꿀지는 각자의 마음가짐에 달렸다.

Point!

내가 되고 싶은 모습을 다른 사람들에게 보여주면 그것이 곧 나의 운이 된다.

다른 사람을 존중하는 태도가
운을 만든다

지금도 손님을 만날 때마다 얼굴을 유심히 바라본다. 자세한 사주팔자는 그의 인생을 들여다봐야 알 수 있지만, 때론 얼굴만 바라봐도 손님의 운이 어떨지 단번에 눈치챌 때가 종종 있다.

사업을 그만두고 길거리에서 사람들의 사주를 봐주던 시절이었다. 주변 사람들은 나를 창피하게 생각하고 때론 비난하기도 했지만, 처음으로 적성에 맞는 일을 하여 무척 즐겁고 신이 났다. 모든 것을 접고 새로운 일을 시작하는 것은 큰 용기가 필요한 일이었다. 하지만 수많은 사람을 마주하며 그들의 인생을 살펴보는 일이 내게는 무척 보람찼다. 무엇이든 시작은 어렵지만, 막상 시작하고 나니 힘이 붙었다. 어느 순간 입소문이 나게 되어 손님이 몰리자 내 실력이 어느 정도 되는지 확인해야겠다는 생각이 들었다.

길에서 사람들의 점을 볼 때는 운을 예측하는 데 도움을 받을 수 있는 요소가 많았다. 사람들은 자신의 직업에 맞게끔 의복을 입었다. 교복을 입고 오면 그가 학생이라는 걸 알 수 있었고, 정장을 입고 오면 퇴근 후에 온 직장인이라는 걸 알 수 있었다. 부유한 사람들은 옷을 잘 차려입고 와 한눈에 티가 났다.

나는 내 실력을 시험해보기 위해 당시 우리나라에서 제일 큰 찜질방을 찾아갔다. 2000년도 초반이라 찜질방을 이용하는 사람이 많을 때였다. 나는 내 프로필을 만들어 찜질방 주인에게 사주를 봐주는 이벤트를 기획해보면 어떨지 제안했다. 당시 여러 찜질방에서 비슷한 이벤트를 하고 있었다. 찜질방 주인 역시 비슷한 이벤트를 기획 중이어서 내 제안을 흔쾌히 받아들였다. 그래서 찜질방 안에서 사람들이 무료로 점을 볼 수 있도록 부스를 마련해주었다. 찜질방 안에서 점을 봐준다고 하자 사람들이 우후죽순으로 몰려들기 시작했다.

처음 사주를 보기 위해 손님을 맞이했을 때 나는 당황하기 시작했다. 모두 같은 옷을 입고, 민얼굴로 서 있으니 그동안 내가 점을 보며 외적인 것에 많이 의탁했다는 걸 깨달을 수 있었다. 그동안 사주를 보거나 관상을 보면 외적인 모습을 토대로 기준점을 설정한 것이었다. 하지만 모두 같은 의복을 입고 있으니 그가 돈이 많은지, 적은지 어떤 환경에서, 어떤 고민을 하고 있는지 알아채기가 쉽지 않았다.

게다가 길에서 내게 점을 보러 찾아온 사람들은 점을 보러온 목적이 뚜렷한 경우가 대부분이었다. 결혼이나 취업, 돈 문제 등 각자 자신이 최우선으로 해결하고 싶은 과제를 내게 들고 왔다. 하지만 찜질방은 특별한 목적 없이 재미 삼아 운을 보고 싶은 사람이 대부분이라 내게 찾아와 아무거나 맞춰달라고 말하는 사람이 많았다. 그러다 보니 처음에는 이 사람의 운이 어떤지 판단할 기준을 찾지 못해 무척 힘이 들었다. 많은 사람이 몰리니 각 개인의 내밀한 이야기를 듣는 것도 어려웠다.

그런데 그렇게 점을 보다 보니 점차 그 사람 고유의 성질이 무엇인지 구분할 힘이 생겼다. 많은 사람과 이야기를 나누며 그 사람이 가진 눈빛과 말투는 의복처럼 그 사람의 내면을 고스란히 보여주고 있음을 알았다. 자신에 대한 열정이 있거나, 자신의 꿈을 실현하기 위해 노력하고 있는 사람들은 눈빛이 다르다.

그들의 태도는 무엇이 다를까?

그들은 다른 사람의 말을 경청하려는 태도를 보인다. 눈을 바라보며 상대방이 무슨 이야기를 하는지 귀 기울이려고 한다. 여러 사람을 상담하며 성공한 사람은 다른 사람과 이야기할 때 그 사람을 존중하는 태도를 보인다는 것을 깨달았다. 줄을 선 손님 중에는 나를 깔보거나 무시하는 사람이 종종 있었다. 그런 사람들은 내가 하는 말을 업신여기고 "어디 한번 맞춰 봐."라는 식으로 무례하게 굴기도 했다.

때때로 인터넷에 의견을 남기는 사람을 보면 그 사람이 가진 운의 흐름이 어떠한지 알 수 있다. 운이 좋은 사람은 '의견'을 남기지만 운이 나쁜 사람은 타인을 조롱하는 일에만 집중한다. "이런 방향으로 고치면 더 나아질 것 같아요."라고 남기는 사람과 "이렇게 할 거면 나도 하겠다."라고 말하는 사람의 운은 다를 수밖에 없다. 그 말투를 살펴보면 이 사람이 평소 어떤 지향점을 가졌는지 알 수 있으므로 운의 흐름까지도 자연스럽게 추측할 수 있다. 자기 일이 희망적이지 않거나 불운한 사람은 타인의 인생 역시 비슷한 방식으로 평가하고 재단한다.

운을 봐주며 "아직 결혼은 안 하셨네요."라고 말하면, "그럼 내가 나이가 몇인데 벌써 결혼을 해요?"라고 다짜고짜 핀잔을 주거나 화를 내는 손님은 십중팔구 그의 인생이 잘 안 풀리고 있을 확률이 높다. 성공한 사람은 누군가 조언을 했을 때, 그 사람의 말에서 배울 점을 찾아낸다. 어떤 행운이 들어오더라도 그 행운을 놓치지 않는 힘을 가지고 있다. 하지만 운이 안 좋은 사람은 남의 말에서 자신의 지위나 권위를 세우려 한다. 그래서 똑같은 옷을 입어도 그 운의 흐름이

다를 수밖에 없다.

Point!

다른 사람을 존중하는 태도가 행운을 불러온다.

도망치는 마음,
기다리는 마음

누구나 안 좋은 시기를 만날 때가 있다. 뭘 해도 잘 풀리지 않고, 노력은 헛수고인 것만 같다. 혹시나 했던 나쁜 예감이 들어맞기도 하고 연이어 힘겨운 일이 치고 들어오기도 한다. 이런 시기에는 아무리 의욕을 내도 쉽사리 꺾이게 되고, 새로운 방법을 찾아도 영 시원치 않다. 집에 돌아가도 피곤하기만 하고 이렇게 사는 것이 맞는지 고민만 앞선다. 누구나 어떤 시기에는 흔들리고 불안해 마음의 갈피를 잡지 못한다. 갑자기 내 모든 에너지의 불이 꺼지며 무기력하게 하루를 이어가는 느낌인 것이다.

운이 나쁜 시기에 우리가 선택할 수 있는 것은 크게 두 가지이다.

도망치거나, 기다리는 것이다. 운이 나쁜 경우는 내가 잘못된 길에 들어섰다는 뜻이기 때문에 무작정 버티기만 한다고 해결되지 않는다. 특히나 자신의 마음이 상하거나 다칠 정도로 힘든 상황에도 지금껏 들여왔던 시간과 노력 때문에 전전긍긍하며 힘든 상황을 견디는 경우가 많다. 폭언에 시달리면서도 회사를 그만두지 못한다거나, 부당한 대우를 받으면서도 그 상황에 너무나 익숙해져 점차 자신의 영혼을 잃는다. 버텨야 하는 이유가 아무리 많더라도 나 자신을 파괴할 만큼 중요한 이유는 없다. 만약 내가 버티고 있는 환경이 자신을 더 돌볼 수 없을 만큼 소진시킨다면 그 환경이 내게 알맞은 곳인지 확인해야 한다. 내가 이미 잘못된 길을 들어왔으면 늦지 않게 방향을 옮겨야 한다. 방향을 옮기는 방법은 다음과 같다.

1. 직업을 바꾼다.

2. 환경(거주하는 곳 등)을 바꾼다.

3. 사람을 바꾼다.

4. 나라를 바꾼다.

작은 것에서부터 큰 것으로 환경을 바꿔 나가며 내 운을 개척해 나가야 한다. 스스로 도망친다고 생각해 위축될 필요가 없다. 내게 필요한 때에 잘 도망치는 것 역시 나를 살리는 길이다. 문제는 '잘'

도망치는 것에 있다.

스스로 돌이켜봤을 때 환경이 내게 도움이 되지 않는다거나 나를 지나치게 착취하고 괴롭게 만든다면 도망쳐야 하는 것이 맞다. 그럴 땐 주변 사람들의 의견을 구하는 것도 큰 도움이 된다. 때론 나와 거리가 있는 사람이 내 문제를 더 정확하게 바라볼 수 있다. 내가 사업을 하고 있는데 주변 사람이 보기에는 그 사업의 성패가 뚜렷이 보일 때가 있다. 내 주변 사람이 보기에 내가 그릇된 선택을 연속으로 하고 있다면 그 판단을 다시 생각해볼 수 있다.

하지만 일시적인 문제이거나 해결해야 할 방법이 있음에도 도망칠 땐 오히려 상황을 안 좋게 만들 수 있다.

카페를 운영하고 있는데 어느 날부터 매출이 떨어졌다. 원래는 장사가 잘되었는데 갑자기 손님이 잘 찾아오지 않는다면 먼저 원인 분석을 해야 할 것이다. 커피 맛이 변했는지, 가게의 인테리어가 문제가 있는지 등 문제점을 찾으려 노력해야 한다. 스스로 어떤 상황이 문제가 있는 것인지 파악해보며 문제가 해결되기를 기다리는 마음 역시 필요하다. 때론 운이 일시적으로 움츠러들어 떨어졌을 때 조급하고 성급하게 판단한다면 그것 역시 기회를 빠르게 잃어버리는 수가 있다. 특히나 코로나 바이러스와 같은 외부적 상황이 맞물려 있다면 더더욱 그 상황이 어떤 상황인지 냉철하게 판단해야 한다. 그래서 내

내실을 잘 쌓았고 준비가 된 상황에서 잠시 일이 멈췄을 땐 여유를 가지고 쉬어가야 한다. 운이 들어오는 데도 시간이 필요하다.

고 이병철 회장은 운에 관해 운둔근(運鈍根)이라는 표현을 썼다. 운(運)은 근성과 끈기가 있는 자에게 오며 운을 기다릴 때는 조급해하지 않고 둔한 상태를 가질 필요가 있다. 사람은 능력 하나로 성공하지 않는다. 운을 잘 타야 하는 법이다. 때를 잘 만나고 사람을 잘 만나야 한다. 그러나 운을 잘 타고 나가려면 역시 운이 다가올 때까지 버티는 둔한 맛이 있어야 하며, 운이 트일 때까지 버티는 끈기와 근성이 있어야 한다.

그래서 오래 무명 생활을 하다가 뒤늦게 빛을 발하는 중견 배우들의 이야기를 들어보면 그들이 그 기다림의 시간을 허투루 쓰지 않았다는 것을 알 수 있다. 그들은 자신이 가야 할 목표가 무엇인지 분명히 알고 있었기 때문에 자신에게 주어진 시간 안에서 최선을 다해 결과를 만들어냈다. 또 꿈과 목표가 절실하므로 기회가 찾아오기까지 스스로 능력을 키우고 자신이 쓰일 수 있는 환경을 스스로 찾아나섰다. 우리에게 영화 <기생충>의 배우로 익숙한 이정은 씨 역시 사람들에게 얼굴을 알리기까지 큰 고생을 하였다고 한다. 시장에서 채소를 파는 일을 하며 생계를 이어가면서도 그는 연기에 대한 꿈을 버리지 않고 차근차근 그 꿈을 향해 나아갔다. 어느 날 문득 사람들에게 알려진 것이 아니라 이를 물고 악착같이 그 꿈에 매진했던 시간이 그에게 보답한 것이다. 우리가 부산으로 가길 원한다면 가는 길이 정체돼서 길이 막혀도 그 시간을 기다리는 것처럼 가는 길이 분명한 사람은 그 길이 더뎌도 기다리는 시간을 가진다.

그 기다리는 시간을 어떻게 보내는지는 각자의 상황마다 다를 수 있다. 기다리며 쉬어가는 사람이 있고, 그 사이 자신의 기술을 갈고 닦는 사람도 있다. 한 가지는 분명하다. 쌓기만 하는 것보다 한 번쯤 자신을 덜어내고 비우는 시간이 필요하다.

힘든 시간을 겪은 사람 중에는 그 기억이 너무나 괴로워 다른 선택을 하는 것을 망설이는 사람이 많다. 이때 비워내는 연습 역시 필요하다. 트라우마에 얽매여 계속 실수를 반복하다 보니 그 기억 자체를 깨기 어려워한다. 그 기억을 이겨내기 위해서는 자신이 힘들었던 그 경험에 조금씩 새롭게 접근해보려는 노력이 필요하다. 안 좋은 상대와의 연애로 인해 힘든 아픔을 가지고 있는 사람에게 우리는 흔히 "사랑의 상처는 사랑으로 이겨낸다."라고 이야기한다. 물론 준비되지 않은 채로 지나치게 같은 경험에 몰두한다면 다시 큰 화를 입을 수 있다. 그 기억을 비워낼 충분한 준비가 되었을 때 또 한 번 그 트라우마 안을 들여다보고, 그 일을 새롭게 경험해내는 것이다. "사랑의 상처는 사랑으로 이겨낸다."라는 말 역시 그런 뜻이다. 아무나와 새로운 사람과 사랑을 시작해 그 상처를 이겨내라는 말이 아니다. 내 마음이 충분히 아물었을 때, 다시 한번 새롭게 시도하여 상처를 극복하라는 것이다. 그래서 트라우마를 깨는 가장 좋은 방법은 그 트라우마를 다시 한번 새로운 시각으로 내 안에서 구성하는 것이다.

첫 투자로 큰돈을 날린 사람 중에는 실패할까봐 두려워 다시는 투자에 도전하지 못하는 사람이 많다. 그런 경우에는 다시 무언가에 큰 투자를 하기보다는 조금씩 투자해 회복하는 연습을 해야 한다.

마음을 사납게 만드는 힘든 기억이 어느 한 순간 홀연히 사라져버리면 좋겠지만 그런 일은 쉽게 일어나지 않는다. 그 기억이 온전히 견딜 수 있는 것이 되기까지 우리에게 충분한 시간을 줘야 한다. 하지만 우리는 무엇이든 빨리 해치우고 싶은 마음에 그 아픔이 충분히 아물기도 전에 성과를 내야겠다고 닦달한다. 겁이 나고 두려운 마음을 인정하지 않은 채 내 마음은 왜 이러냐며 자신을 채찍질한다. 트라우마가 독이 되는 순간은 바로 그 순간이다. 빨리 나아지려는 마음에 다시 한번 잘못된 선택을 하기 때문이다.

그래서 내 기억을 이겨내기 위해서는 서서히 접근해야 한다. 사람들은 늘 극단적으로 행동한다. 나쁜 사람을 만나 힘겨웠다면 모든 사람을 피하든가, 아무나 다른 사람을 만나 괴로워한다. 오랜 연인과 헤어진 후 급작스러운 결혼을 하는 사람의 경우가 그렇다. 자신의 기준점을 잡고 조금씩 마음을 회복하는 연습을 해야 한다. 그래서 무언가를 상실한 사람에게 충분한 애도 기간이 필요하다고 말하는 이유 역시 마찬가지이다. 상실의 슬픔을 감추고 묻어두기보다 계속해서 누군가와 이야기하고 그 상실을 반복해 경험함으로써 자신이 겪은 상실을 위로와 환대의 기억으로 치유하는 것이다. 아무렇지 않은 과정처럼 보이지만 누군가와 그 상실을 이야기함으로써 계속해서 자신도 모르는 새 그 상실을 계속 반복해 살아내는 것이다. 그렇게 조금씩 자신이 상처받았던 일을 시도하다 보면 어느새 자신을 아프게 했던 상처로부터 자유로워진 자신을 발견할 수 있다. 그렇게 움츠린 내 운을 조금씩 펴게 할 수 있다.

Point!

1. 상황이 여의치 않을 땐 도망치는 것 역시 필요하다.
2. 시기를 잘 파악하고 기다려야 한다.

운을 얻기 위한
휴식

상담하다 보면, 크게 두 가지 분류의 사람을 만나게 된다. 바로 개미 같은 사람과 베짱이 같은 사람이다.

개미같이 끊임없이 노력하며 쉬는 시간 없이 한 길만을 가는 사람이 있는가 하면, 베짱이같이 취미와 투자 등 외적인 활동을 하며 휴식 시간을 중요하게 생각하는 사람이 있다.

개미와 베짱이 중에 어느 쪽이 더 뛰어나다고 말할 수는 없다. 예전에는 무작정 개미처럼, 일해야 성공하던 시절이 있었다. 하지만 요즘 시대에는 꼭 개미같이 성실하게 노력하는 사람만이 성공한다고 볼 수 없다. 상담하다 보면 베짱이같이 일하는 중간마다, 휴식을 취하고 취미나 좋아하는 활동을 하며 시간을 보내는 사람이 더 큰 부와 행복을 오랫동안 유지하는 모습을 많이 보게 된다.

　역학 상담 일을 시작하기 전 나 역시 평범한 회사원이었다. 대부분 직장인이 그렇듯 나도 개미처럼 일하며 앞만 보고 달렸다. 단거리 선수가 된 것처럼 전력 질주를 하니 주변을 살필 여력이 없었다. 자동차도 쉼 없이 달리기만 하면 엔진에 과부하가 걸려 고장 나듯이 사람도 쉬어가는 시기가 필요하다. 하지만 휴식 없이 앞만 보고 달리다 보니 어느 순간 스트레스로 인해 정신과 몸이 망가져 나는 결국 구안와사라는 병까지 얻게 되었다. 입과 눈 주변의 근육이 마비되어 얼굴 한쪽이 비뚤어지게 된 것이다. 지금 생각하면 왜 그렇게 죽어라 일했을까, 도통 알 수가 없다. 지금도 대부분 직장인이 그렇게 바삐 움직이고 있을 것이다. 병으로 인해 반강제적으로 휴직계를 내고 일주일 동안 회사를 쉬면서 비로소 많은 생각을 했다. 그때야 내가 지금 무엇을 위해 이렇게 일을 하고 있는지 돌이켜보고, 가족, 친구, 나의 꿈에 대해 다시 한번 생각할 수 있었다. 그 이후 회사를 그만두고 6개월 정도 푹 쉬며 자신을 돌보았다. 생각을 비우고 그동안 하지 않던 활동을 해보았다. 여행을 가거나 취미 활동을 하는 등 가족과 함께 여가 생활을 즐기며 푹 쉬었다.

　성공한 사람을 상담해보면 대부분 일 역시 열심히 하지만, 취미 활동으로 휴식을 취하는 데 많은 투자를 하는 것을 볼 수 있었다. 어떤 사람들은 돈도 많고 성공을 했으니 여유가 생겨 취미 활동도 하고 쉰다고 할지 모르겠지만, 큰 운으로 보면 그렇지 않다.

"유레카!"라는 말로 유명한 아르키메데스는 목욕하다가 부력의 원리를 깨달았고, 뉴턴은 사과가 떨어지는 것을 보고 만류 인력의 법칙을 깨달았다. 오히려 좋은 아이디어나 행운은 어느 한 가지만 파고들 때보다 여유를 가지고 다른 것을 하거나 아무 생각이 없을 때 찾아오는 경우가 많다. 그래서 충분히 쉬어가는 것 또한 꼭 필요한 일이다.

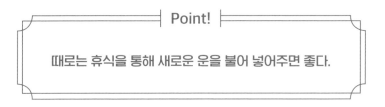

Point!

때로는 휴식을 통해 새로운 운을 불어 넣어주면 좋다.

좋아하고 잘하는 일을 하면
행운이 두 배로 찾아온다

나이가 지긋한 40대, 50대 손님들이 나와 상담하면 한결같이 하는 말이 있다.

"이 지겨운 일을 죽어라, 이삼십 년 할 줄 알았다면, 정말 제가 좋아하고 하고 싶은 일을 했겠지요. 그렇게 했더라면 얼마나 좋았을까, 늘 후회됩니다. 지금과 같은 열정과 노력으로 내가 좋아하고 잘하는 일에 투자했다면, 분명히 크게 성공했을 겁니다. 하지만 이제 새로운 일을 시작하기엔 시간이 너무 많이 지나버렸어요."

그런 분들의 사주를 분석하면 정말 좋아하는 직업을 택했다면 크게 성공했을 분들이 적어도 60% 이상은 넘는 것을 확인할 수 있다.

이십여 년 동안 상담을 하다 보니 젊을 때 찾아오시던 손님들도 어느덧 나이가 들어 40, 50대가 되어서 찾아오는 경우가 많다. 그분들을 상담하다 보면 크게 두 가지 그룹으로 분류할 수 있다. 첫 번째는 좋아하거나 적성에는 맞지 않지만, 안정된 일을 해 꾸준한 수입이 보장된 직업을 가진 분들이고 두 번째는 수입이 불안하고 직업 역시도 언제 잃을지 모르지만 자신이 좋아하고 잘하는 일을 하는 분들이다.

첫 번째 그룹은 안정된 직업과 일을 택했기 때문에 수입이 일정해 어느 정도 사회적 지위를 가지고 있는 것은 분명하지만, 깊게 그들을 상담하다 보면 그들 역시 큰 고충을 껴안고 있었다. 자신이 들이는 노력에 비해 대가가 적고, 억지로 하는 일에 대한 스트레스가 상당했다. 또 이루고 싶거나 하고 싶은 바가 없으므로 퇴직 후 무엇을 해야 할지 모르는 불안감 역시 상당했다.

반면, 두 번째 그룹은 첫 번째 그룹에 비해 처음 시작은 좋지 않고 미래에 대한 불안감이 컸지만, 시간이 지나면서 노력한 것에 대해 성취를 느끼며 자신의 삶을 만족하며 살아갔다. 좋아하는 일을 더 잘해야겠다는 꿈과 희망이 있으므로 미래를 더 낙관적으로 바라볼 수 있었고, 자신이 생각한 바를 이루고 있어 주변을 둘러보는 여유 역시 가지고 있다.

월급 노예라는 말이 있다. 대부분에 직장 일은 고통스럽고 힘들 수밖에 없다. 처음에는 일을 5년만 하고 내 일을 찾아야지 결심해도 어느 순간 생활에 익숙해지면서 5년이 10년이 되고, 다시 20년이 되는 것을 반복하는 모습을 많이 보았다.

그래서 요즘 젊은 사람이 찾아오면 이렇게 조언을 해준다.

안정된 삶을 살기를 원한다면, 공무원 시험을 준비하거나 기업에 들어가 일을 하는 것이 좋다. 하지만 그 또한 힘들고 고통스러운 것은 매한가지이다. 내가 좋아하고 잘하는 일 역시 처음에는 힘들고, 고통스럽지만 어느 한고비를 넘어가면 안정된 상태를 얻을 수 있다. 행운이란 마지못해 일할 때 찾아오는 것이 아니라 좋아하고 즐길 때 찾아오는 것을 알아야 한다.

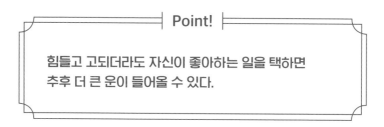

Point!

힘들고 고되더라도 자신이 좋아하는 일을 택하면 추후 더 큰 운이 들어올 수 있다.

열정이
행운을 부른다

상담을 하다 보면 상담자들이 가장 많이 물어보는 것은 "어떻게 해야 돈을 많이 벌 수 있나요? 제가 돈을 언제 벌 수 있나요?"이다. 이런 질문을 받으면 나는 상담자에게 다시 질문한다.

"실례지만 지금 하시는 일이 무엇인가요?"

직장인이 위의 질문을 하면 나는 냉정하지만 이런 식으로 답변을 한다.

"직장인이 돈을 버는 방법은 세 가지예요. 첫째, 횡령한다. 둘째, 주식이나 투자를 한다. 셋째, 회사를 그만두고 사업을 한다."

절대 남의 돈을 횡령하면 안 되기에, 그만큼 직장인이 큰돈을 벌기는 어렵다는 뜻이라 볼 수 있다. 현실적으로 직장인이 월급을 모아 큰돈을 벌 방법은 거의 없다고 봐도 좋다. 내게 질문을 하는 손님 역시 그 사실을 알면서 질문을 한 것이 분명할 것이다.

반대로, 사업을 준비하고 있는 사람이 있다면 나는 이렇게 말해준다.

"지금 마음먹었을 때 시작하세요."

내가 이렇게 이야기했을 때 손님 대부분은 비슷한 대답을 한다.

"지금은 돈이 없으니 회사에 다니다 돈을 모은 후 사업을 시작할 거예요."

"아직 준비가 안 되었어요. 좀 더 배우거나 자격증을 딴 후 시작할 거예요."

"좋은 사업 아이템이 안 떠올라 구상하고 있어요."

내가 그들을 지켜보니 거의 80% 이상의 손님들이 몇 년째 사업 준비만 하는 경우가 많다. 내가 상담을 하며 만난 사람 중 사업에 성공하거나, 지금도 사업을 키워나가시는 분들은 분석하면 일정한 패턴이 있었다. 사업을 하는 시기는 젊을수록 좋았다. 나이가 많은 사람 역시 사업에 도전할 수 있지만, 사업에 대한 두려움이나 겁이 없을 때 사업을 도전할 수 있어서 나이가 젊은 사람들이 더 적극적으로 사업에 뛰어들 수 있었다. 실패해도 다시 도전할 수 있는 시기에 사업을 시작하는 것이 좋다. 또 완벽한 것보다는 60, 70% 정도 준비되어 있을 때 사업을 하기 가장 적합하다.

하지만, 사업을 준비하는 사람 대부분은 자신이 아직 부족한 것 같다고 생각하여 더 돈을 모으고, 더 배우고, 더 준비하는 데 시간을 많이 낭비한다.

세상에 완벽한 것은 없다.

고등학교에 다니면 일등 하는 사람이나 꼴등 하는 사람 모두 졸업을 하듯이, 사업을 시작하는 데는 어떤 조건도 없다. 부족한 것을 알아야 발전할 수 있듯이 사업을 시작하려는 열정과 용기만 있다면 과감히 시작하는 것이 좋다.

미국에 실리콘밸리에서 새로운 신화를 쓴 스타트업 CEO들은 대학 시절 어린 나이에 사업을 시작한 경우가 많다. 우리가 흔히 아는 마이크로소프트의 빌 게이츠, 애플의 잡스, HP의 휴렛 패커드 등 많은 사람이 젊은 나이에 시장을 바꿀 새로운 사업을 시작했다.

앞에서 이야기했지만 무술을 하는 사람 중엔 빨간 띠가 가장 무서울 때가 있다. 무술에 대한 열정과 자신감은 넘치고, 어떤 형식이 없어 무엇이 무서운지도 모르니 가장 위험한 사람이 된 것이다. 사업도 빨간 띠와 같다. 젊음과 열정이 무기이며, 오히려 모르기 때문에 더 자유롭고 과감하게 움직여 새로운 혁신을 이룰 수 있다.

행운은 꽉 차 있는 주머니에는 들어오지 않는다. 언제나 부족하고 모자라지만 열정이 있으면 그것을 채우기 위해서 행운의 기회가 찾아온다.

Point!

준비하는 기간이 길어지면 앞으로 나아가는 힘을 잃어버릴 수 있다.

열정이 있을 때 시작해야 운이 들어온다.

운칠기삼(運七技三)
운구기일(運九技一)

운기칠삼 혹은 운칠기삼이라고도 하는 말은 인생을 살아가는 데 재주를 뜻하는 기(技)는 3할이고 운이 7할을 차지한다는 뜻이다. 결국, 살아가는 데 재주도 필요하지만 일의 성공을 위해서는 운이 절대적으로 중요하다는 의미이다. 어떤 사람들은 운이 90%이고, 타고난 노력을 10%로 보는 운구기일(運九技一)로 보는 경우도 많다.

조금 더 과장되게 표현하자면 운이 좋을 때는 잘못된 투자를 해도 그 실수가 만회될 수 있다. 주식 공부를 하지 않아 남들은 사지 않을 회사의 주식을 사도 운이 좋은 사람이 산 주식은 갑자기 높게 치솟는다. 반대로 운이 나쁜 사람은 잘될 주식을 사도 갑자기 일이 잘

못돼 주가가 떨어지기도 한다. 우스갯소리로 들리겠지만 그만큼 운이 중요하다는 것을 나타낸다. 그래서 큰 노력을 들이더라도 운의 흐름으로 일의 당락이 결정되는 일이 무척 많다.

사주를 상담하며 다양한 사람을 만날수록 운이 좋은 사람과 안 좋은 사람은 삶을 대하는 태도가 다르다는 걸 느낄 수 있다.

운이 좋은 사람에게 "대운이 들어오셨네요. 지금 행운이 들어왔어요."라고 이야기하면 그들은 그 말에 "그럼 앞으로 제가 어떤 노력을 해야 할까요?"하고 다시 질문한다.

하지만 불행에 물든 사람들은 "이제 운이 좋아지니 힘내서 이런 식으로 움직여보세요."라고 말을 해드리면 부정적인 반응을 보이는 사람이 대다수이다.

"제가 그럴 시간이 어디 있어요? 제가 그럴 돈이 어디 있어요? 정말 그렇게 하면 바뀌긴 바뀌나요?"라고 이야기하며 지금 당장 행동하기를 주저한다. 만약 내 환경이나 조건이 당장 움직일 수 있는 선택을 제한하더라도 어떻게 하면 더 나은 변화를 만들 수 있을지 고민하는 힘을 길러야 한다. 그렇지 않으면 그 불행에 익숙해져 삶이 변화하지 않을 것이다.

사주에서 "운이 좋다"라는 말은 지금 행운이 들어오고 있어서 빨리 움직여서 그 행운을 잡으라는 뜻이다. 아무리 좋은 운이 들어와도 본인이 그 행운을 잡을 의지가 없다면 행운은 순식간에 사라져버린다.

어느 실험에서 운이 좋다고 생각하는 사람과 운이 안 좋다고 생각하는 사람 두 그룹으로 나누어 동전 던지기를 실험했다. 실험 결과, 두 그룹의 승률은 비슷하게 나왔다. 유사한 실험을 반복해도 두 그룹의 승률이 비슷하게 나왔다. 실험이 끝난 후, 운은 같은 상황일 경우 모두에게 동등하다는 결과가 도출되었다.

하지만, 다른 실험에서는 결과가 달랐다.

신문에 실린 사진 개수가 몇 개인지 세어 가장 빨리 정답을 맞힌 사람에게 상품을 준다는 실험을 했을 때 그 결과는 어땠을까?

심리학 교수 리처드 와이즈먼이 진행한 이 실험에서 운이 좋다고 믿는 사람과 그렇지 않은 사람의 차이점을 발견할 수 있었다. 행운이 있다고 생각한 그룹은 단 2초 만에 사진 개수가 몇 개인지 찾아냈지만, 운이 안 좋다고 생각한 그룹은 평균 2분이 걸렸다. 비밀은 신문 한 귀퉁이에 크게 적힌 메시지에 있었다.

"사진을 세지 않아도 됩니다. 신문에는 43장의 사진이 있습니다."

행운이 있다고 생각한 그룹은 넓은 시야로 생각하고 행동하기 때문에 신문에 적힌 메시지를 발견하고 이를 믿을 수 있었지만, 운이 안 좋다고 생각한 그룹은 사진 찾기에 매몰된 나머지, 메시지를 발견하지 못하거나 그 메시지를 발견하고도 믿지 않았다.

웬만한 사람은 성실히 노력만 한다면, 어떤 분야든 자신이 원하는 바를 어느 정도 이룰 수 있다. 성장하고 높은 고지에 오르기 위해선 계속해서 노력하는 일 역시 중요하다. 하지만 아무리 노력해도, 어느 순간 보이지 않는 벽에 가로막혀 일이 정체되거나 더 발전하지 못해 좌절할 때가 찾아온다. 노력이 부족하다고 생각해 자신을 탓하며 더 큰 노력을 해도, 잘 풀리지 않는 일은 계속해서 잘 풀리지 않는다.

때론 그 벽을 넘기 위해선 내 노력만이 아닌 다른 무언가가 필요하다는 생각이 든다. 어쩌면 운이 나를 도와주어야만 그 벽을 넘을 수 있는 것은 아닐까? 지금껏 들여온 내 노력이 틀린 것이 아니라 나에게 맞는 운의 흐름을 잡지 못했을 뿐이다.

사주 상담을 하다 보면 그 행운의 실마리를 잡아 도저히 넘을 수 없을 것 같은 벽을 뛰어넘는 사람을 종종 만난다. 의외로 그 행운의 실마리를 주는 사람은 가장 가까이에 있는 사람들이다. 주변에 있는 가족, 친구, 동료들에게서 조언을 듣거나 힘을 얻어 그 벽을 넘는 경우가 많다. 갑자기 보이지 않는 벽에 가로막혀 답답해지고 발전이 없다면 혼자서 해결하지 말고, 주변에 도움을 청하는 것이 좋다. 행운은 멀리 있지 않다.

Point!

1. 운이 좋은 사람은 시야를 넓게 가진다.

2. 운이 안 좋은 시기가 있다면 주변 사람의 도움을
   받아본다.

5장

구겨진 인생을 펴는
운 처방전

운이 바뀌는
일주일 실천사항

1일 아침 : 자신을 비워내는 연습을 한다.

운을 채우기 위해서는 내 안을 비워내는 연습을 해야 한다. 아무리 운이 들어오려고 해도 이미 내 안이 잡동사니로 가득하다면 그 틈을 비집고 들어올 공간이 없을 것이다.

첫째 날 아침에는 뇌가 휴식할 수 있을 정도로 충분히 마음을 비워야 한다. 아침에 일찍 일어나 숨을 깊이 들이쉬고 내쉬며 아무 생각 없이 머리를 비워내도록 하자. 때론 무언가에 몰입할 때보다 목적성이 없는 생각을 하거나 아예 아무것도 생각하지 않으려고 노력할 때 새로운 아이디어가 떠오르기도 한다.

　동양 철학에는 비운 만큼 채워진다는 말이 있다. 지난 한 주간 나를 괴롭게 했던 복잡한 생각과 고민을 조금 덜어내고 앞으로 새롭게 찾아올 일을 맞이하기 위한 준비를 하면 좋다. 쉼과 비움은 새로운 시작을 나타낸다.

　억지로 생각을 밀어내고 지우려 한다기보다는 자연스럽게 내 내면에 집중하고 호흡에 신경 쓴다. 숨이 들어오고 나가는 흐름에 집중하며 내 안의 얽힌 마음을 하나하나 풀어간다는 느낌을 가지면 좋다. 깨달은 사람과 그렇지 못한 사람의 차이는 현재를 인지하고 있는지 아닌지에 달려 있다. 내가 현재를 제대로 인지하고 있다면 고통 역시도 지나가는 감정이라는 것을 알 수 있을 것이다. 내 가치를 깎아내리는 부정적인 기운과 에너지도 밖으로 흘러나갈 수 있도록 마음을 연다. 내 마음에 공간이 생긴다면 그 공간 속으로 새로운 운의 흐름이 들어올 것이다.

2일 아침 : 추억을 떠올려보자.

　나이와 상관없이 자신의 재능과 적성을 알지 못해 방황하는 사람이 대단히 많다. 여러 경험을 쌓아도 자신의 재능과 적성을 알지 못한다면 삶의 방향성이 모호해질 수 있다. 주어진 상황에 맞춰 살아가다 보니 현실을 견디느라 원래 자신이 가지고 있던 꿈이나 목표를 잊어버릴 때도 많다. 특히 내 뜻이 아닌 주변 사람의 뜻에 따라 내가 가고 싶은 길이 아닌 길을 택한 사람 중에는 자신이 가진 재능과 적성을 미처 깨닫지 못한 채 방황하는 사람이 많다. 그래서 내 삶의 방향성을 찾기 위해 과거를 돌아보며 잊혔던 꿈과 목표를 찾는 일이 필요하다. 사주에 의하면 적성과 재능은 20대 이전에 형성되는 경우가 많다. 추억을 떠올리는 일은 단순히 과거를 회상하는 것이 아니라 내가 어떤 사람인지 확인하는 과정이다.

추억을 돌아보기 위해서는 무엇을 하면 좋을까?

첫째, 과거에 썼던 일기장이나 공책, 옛 사진을 찾아보자. 지나간 기록을 살피면 내가 어떤 사람이었는지, 어떻게 변해왔는지 그 과정을 확인할 수 있다. 그 속에서 앞으로 내가 가야 할 방향을 찾는다면 자신을 알지 못해 방황하는 이에게 큰 도움이 될 것이다. 과거 속에 자신이 무엇을 좋아하고, 어떤 일에 행복해했는지, 무엇을 꿈꿔왔는지 본다면 지금의 막연한 목표도 조금 더 뚜렷해진다.

또 과거 자신의 모습을 확인하며 마음의 안정감 역시 되찾을 수 있다. 나를 힘들게 했던 그때의 스트레스나 고통도 언젠가는 지나간다는 사실을 다시금 깨우칠 수 있기 때문이다. 한 달 전, 일 년 전 나를 힘들게 했던 일을 떠올려보면 정말 큰 고통이 있었다면 기억에 남겠지만 사소한 고민은 생각조차 나지 않는 경우가 많다. 나를 찾아온 큰 고통의 원인은 해결해나가고 작거나 지엽적인 고민은 빨리 떨쳐내는 것이 좋다. 그 일에서 멀리 떨어진 시점에서 과거를 바라보면 좀 더 객관적으로 자신을 파악할 수 있다. 잊었던 과거 안에서 생각지도 못한 인생의 실마리를 발견할 것이다.

둘째, 과거에 인연이 있던 사람이나 친구에게 연락해본다. 내가 의도하거나 상대가 의도하지 않더라도 살다 보면 자연스레 멀어진 관계가 많다. 크게 화를 내거나 싸우지 않더라도 가는 길이 달라지거나 사는 곳이 달라지면 연락할 기회를 잃어버리기도 한다.

진솔하게 이야기를 나눌 수 있는 친구가 있다면 자신을 아는 일에 큰 도움이 된다. 같은 시대에 태어나거나 같은 경험을 한 사람과 이야기하면 공통적인 관심사가 있고 비슷한 경험을 공유했기 때문에 한층 편안한 상태로 이야기할 수 있다. 사람은 편안할 때 가장 솔직한 자신의 이야기를 할 수 있다. 그래서 과거에 인연이 있던 사람이나 친구와 연락해 이야기를 하면 솔직하고 진솔한 자신의 진짜 모습을 알게 되는 경우가 많다.

연락이 끊긴 사람들의 목록을 적고 그중 내가 가장 생각나는 이부터 차례로 연락해보자. 주변인들에게 한 번도 연락하지 않은 채로 많은 시간이 흐른다면 나중에는 연락하고 싶어도 그 의도를 의심하는 사람이 많을 수밖에 없다. 물론 오랫동안 연락하지 않은 이에게 먼저 연락하는 일은 쉽지 않을 수 있다. 그동안 그 사람과 살아오며 벌어졌을 틈을 다시금 메꿔야 하기 때문이다. 하지만 용기를 내서 그에게 연락한다면 생각지도 못한 행운이 내게 찾아올 수도 있다. 과거 인연으로부터 좋은 자극을 받아 새로운 기회를 만들 수도 있고, 또 그 인연을 통해 스스로 발전하는 계기를 만들 수도 있기 때문이다.

3일 아침 : 내 주변을 살펴보자.

내 주변을 살펴보자. 유유상종이라는 말이 있듯이 나의 위치와 현재를 알려면 내 주변의 동료와 친구, 선배를 보면 현재 나의 위치와 미래를 볼 수 있다. 나의 직장 동료, 선배, 친구들, 가족은 내가 올바른 길을 가고 있는지 확인할 수 있는 내비게이션과 같다. 그들의 현재 모습을 관찰하여 앞으로의 방향성 역시 모색해볼 수 있다. 만약 내 주변 사람이 모두 힘들어하고 있다면 그 모습을 보고 자신도 힘들지 않은지 돌이켜보면 좋다.

절대적인 기준이 될 수 없지만, 날씨나 기온 역시 사람의 마음이나 태도에 큰 영향을 미친다. 정신과 의사들은 우울해 하는 사람에게 햇볕을 자주 쬐라고 권하기도 한다. 실제 비가 오거나 흐린 날에는 우울함을 느끼기 더 쉽다. 온화한 날씨일 때는 다른 사람에게 더 다정하게 대할 수 있다. 날씨와 기온도 사람에게 큰 영향을 끼치는데, 내 주변 사람은 어떠하겠는가.

내 주변 사람의 기운과 에너지는 내 삶에 큰 영향을 끼친다. 그래서 하루는 내 주변을 둘러보고 내가 어떤 환경 속에 있는지 둘러보는 것이 좋다. 만약 그 안에 있는 것이 내 길이 아니라고 생각된다면 새로 나아갈 다른 길을 모색해봐야 한다. 그리고 내 주변 사람이 현재 몰두하는 것이 무엇인지 확인하고 그것이 나의 적성과 맞는지 확인해보자.

4일 아침 : 나에게 선물을 주자.

고생한 자신에게 칭찬과 보상을 해보자. 어떤 일을 준비하는 과정 중간중간 스스로 그 과정을 칭찬해주면 일의 성취율 역시 더욱 높아질 것이다. 우리는 생각보다 자신을 칭찬하는 말에 인색한 반응을 보일 때가 많다. 누군가 나를 칭찬했을 때 습관적으로 "아니에요."라고 말하는 사람이 많다. 그래서 다른 사람이 한 일은 대단히 칭찬하면서도 스스로가 행한 일에 대해선 박한 평가를 한다. 그래서 다른 사람이 나를 칭찬했을 때 부정하기보다는 "감사합니다."라고 말하며 그 칭찬을 인정하는 연습을 하는 것도 필요하다.

내가 자신을 낮추고 좋게 평가하지 않는다면 다른 사람 역시 나를 그렇게 평가할 가능성이 크다. 남이 나를 대우해주기를 바란다면 자신 역시 스스로 알맞은 대우를 해줘야 한다. 나는 나 자신을 함부로 여기면서 남이 나를 좋게 대우해주기를 바란다는 것은 맞지 않는다.

인터넷에서 화제가 된 미국 드라마의 한 장면이 있다. 자신을 골칫덩어리라고 여기는 사람이 있다. 선생님은 그 이야기를 듣더니 그 사람에게 소파에 이제 막 자신을 골칫덩어리라고 생각하게 된 어린아이가 앉아 있다면 어떤 말을 해줄 것이냐고 묻는다. 자신이 쓸모없고 가치 없다고 생각하는 아이에게 "그래. 너는 쓸모없는 사람이야."라고 이야기할 것이냐는 질문에 조언을 구한 사람은 눈물을 흘리며 아니라고 이야기한다. 조언을 구한 사람은 그제야 선생님의 의도를 깨닫는다. 우리는 우리 안의 나라는 존재에게 칭찬이라는 자양분을 줘야 한다.

누구도 다른 사람에게는 쉽게 "당신은 쓸모없고 가치 없는 사람이야."라고 이야기하지 않는다. 하지만 자기 자신에게는 그런 이야기를 할 때가 많다. 때로는 자신이 이룬 업적을 스스로 돌아보고 잘한 일을 칭찬해주며 자기 자신을 인정해주도록 하자. 칭찬 일기를 쓰는 것 역시 도움이 된다. 내가 무엇을 해냈는지 기록 하다 보면 내 마음도 여유로워질 수 있다.

또 나를 위한 투자로 새로운 옷을 사거나 물건을 사는 것도 도움이 된다. 가고 싶었던 곳을 가거나, 해보고 싶었던 것을 하며 내 마음을 잘 다독여주자. 전에 해보지 않은 경험을 하며 주위를 환기하고 새로운 일에 영감을 받으면 좋다. 즐겁거나 설레는 일을 하면 지쳐 있던 에너지를 새로운 에너지로 바꿀 수 있다. 만약 새로 도전한 일로 인해 내 마음이 달라져 나에 대한 새로운 자신감이 생겨나면 나를 보는 주변 사람들의 시선 역시 달라짐을 느낄 수 있을 것이다.

5일 아침 : 평소와 다른 행동을 해보자.

매일 걷는 똑같은 길로 걷거나 항상 가는 장소만 가는 것은 행운이 들어오는 것을 막는 행동이다. 새로운 사람을 만나거나 모임을 찾아가는 등 적극적으로 운의 행로를 열기 위해 노력해야 한다. 하루라도 새로운 무언가를 접하면 새 운의 흐름이 들어와 그전과 다른 기회를 잡을 수 있다.

만약 내가 평소 악기를 다루거나 그림을 그리는 사람이라면 관련 부분의 뇌가 더 활성화되어 있을 것이다. 그럴 때 가벼운 운동이나 새로운 활동을 한다면 뇌의 다른 부분이 활성화되어 새 아이디어가 떠오를 수 있다. 잘 풀리지 않는 수학 문제를 풀 때 잠시 멈추고 다른 일을 하고 돌아오면 전에는 다르게 문제가 수월하게 풀리는 경우가 있을 것이다. 글을 쓰는 사람 중에도 글이 잘 풀리지 않을 때 쓰던 것을 멈추고 새로운 일을 했을 때 창의력이 샘솟기도 한다.

우리의 뇌는 새로운 자극이 생길 때마다 활성화된다. 그래서 내가 평소 하지 않았던 행동을 하면 그만큼 다양한 자극이 들어와 변화하게 된다. 그래서 때론 내 목적한 바에 벗어나 해보지 않았던 일을 시도하는 것이 중요하다. 우리가 딴짓이라고 부르는 일들은 어쩌면 우리에게 더 큰 행운을 불러올 수 있다.

6일 아침 : 계획과 목표를 세우고 멘토를 정해보자.

'멘토'는 지도자, 선생님, 인생의 롤 모델, 조언자 등 다양한 의미로 사용된다. '멘토'라는 단어는 그리스 로마 신화에 나오는 인물 '멘토르'에서 유래되었다. 트로이 전쟁이 일어난 후 영웅 오디세우스는 전쟁을 치르는 동안 오랫동안 집을 떠나게 된다. 그래서 오디세우스의 친구인 멘토르는 오디세우스가 집으로 돌아오지 않는 20년 동안 그의 아들 텔레마코스를 성심성의껏 돌봐주고 가르쳐주었다. 그래서 우리는 누군가를 돌보고 가르쳐주며 앞서 나갈 길을 제시해주는 사람을 멘토라고 부르게 되었다. 내 꿈을 이루기 위해서는 좋은 멘토를 찾아내는 일이 필요하다. 그러기 위해서는 먼저 내 꿈이 무엇인지 자세히 살펴봐야만 한다.

평소 생각해두었던 꿈이나 목표를 버킷리스트에 전부 적은 후, 그 꿈을 실현한 사람이 누구인지 찾도록 하자. 그 사람이 그 꿈을 얻기 위해서 어떤 노력을 해왔는지, 어떤 과정을 겪었는지 살펴보고 나의 계획을 점검하자. 주변에 멘토로 삼을 만한 사람이 없다면 잘 알려진 유명한 사람 중에 내가 배울 만한 사람이 있는지 살펴보는 것도 좋다. 그리고 어떤 일을 하기 전에 앞서 그 사람이라면 어떻게 행동했을까? 그 사람이라면 어떤 식으로 사고했을까? 생각해본다면 나 혼자 결정하더라도 더 나은 결정을 할 수 있다.

그리고 꿈과 목표가 완성되는 날짜를 적어두고 그를 실행하기 위한 계획을 구체적으로 적는다. 운은 꿈이 완성되는 날짜가 정해졌을 때 더 크게 들어온다.

7일 아침 : 꿈이 실현되는 장소를 찾아가본다.

계획과 목표가 분명히 정해지면 내 꿈이 실현되는 장소를 반드시 찾아가본다. 꿈이나 목표가 사람이라면 그 사람을 만나보고, 장소라면 그 장소를 방문해보자. 꿈과 목표가 이루어지는 환경이 있다면 그 환경을 찾아가 체험해보는 것도 좋다. 운은 내가 바라는 꿈의 기운을 느낄 때 더 강력하게 작동한다.

벨터 벤야민은 예술 작품에는 각자 고유의 '아우라'가 있다고 이야기했다. 아무리 정교하게 그림을 복제해도 그 예술 작품이 가지는 고유함은 누구도 흉내 낼 수 없다. 그래서 좋은 예술 작품은 작품 고유의 아우라를 내뿜는다고 이야기한다. 이제는 어디에서도 쉽게 '모나리자' 그림을 볼 수 있지만, 사람들은 직접 그 그림을 확인하기 위해 시간과 비용을 들여 프랑스의 루브르 박물관을 굳이 찾는 것은 왜일까? 작품마다 고유의 아우라가 있는 것처럼 각각의 장소에도 전부 기운이 다르기 때문이다. 그 장소에 직접 가는 것은 그 기운을 얻는 것과 같다. 그래서 입학하고 싶은 대학이나 일하고 싶은 회사가 있을 때 직접 그곳을 방문해보기도 한다. 그 장소의 기운이 내 꿈을 이루는 데 큰 도움을 줄 것이다.

또한, 내가 직접 그곳을 방문한다면 내 꿈을 더 구체화할 수 있다. 막연하게 생각했던 목표가 현실로 다가오기 때문에 더 세밀하고 구체적인 방향을 설정할 확률이 높아진다. 특히 내가 꿈꾸는 목표가 점차 흐릿해진다고 여겨진다면 직접 그 장소에 방문해 내 목표를 한 번 더 일깨우는 것이 좋다.

Point!

일주일을 다르게 살아도 운명이 바뀔 수 있다.
중요한 것은 매일 자신의 운이 달라질 수 있음을 믿고
실천하며 사는 것이다.

운을 바꾸는
마음 연습

장점을 살리고 내가 잘할 수 있는 일을 하자.

사주를 보면 타고난 격이 있다. 그것은 타고난 성격적 특징과 기질을 의미한다. 태어날 때부터 내 강점과 약점은 어느 정도 정해져 있다. 사람마다 누구나 자신의 강점과 약점이 달라서 그 특징을 잘 살릴 수 있는 환경도 다르다. 그런데 때론 강점보다도 자신의 약점에 더 몰두해 시간을 허비하는 사람이 많다. 남들이 보기에는 티가 나지 않은 사소한 단점에 집착해 움츠러든다면 내 재능을 펼 기회를 잃어버릴 수 있다.

빨리 달리는 것보다 오래 달리는 것을 더 잘하는 사람이 있는가 하면, 자유형보다 접영으로 수영을 했을 때 더 빠른 사람이 있을 수 있다. 하지만 내가 접영으로 헤엄을 쳤을 때 더 큰 기록을 보유할 수 있는데, 자유형 기록이 낮다는 이유로 자유형만 연습한다면 접영 실력 역시 점차 떨어질 수밖에 없다. 자신에게 맞는 종목을 찾아서 대회에 출전해야 좋은 기록을 얻을 수 있을 것이다. 그런데 코치를 잘못 만나거나 내가 고집을 부려 내가 잘하는 것이 아닌 못하는 것에 집중한다면 내게 온 기회의 운이 도망갈 수 있다. 자신의 약점을 신경 쓰느라 강점을 살릴 수 있는 환경을 찾지 못한 것이다. 부족한 단점을 보완하려고 지나치게 많은 신경을 쓰기보다는 나의 강점이 살리는 일에 몰두해야 한다. 내가 남들보다 잘하고, 남들이 나를 인정해줄 수 있는 재능에 집중하는 것 역시 운을 얻는 방법이다.

그렇다면 내 강점은 어떻게 알 수 있을까?

내 강점을 찾는 방법은 간단하다. 내가 어떤 일을 했을 때 가장 큰 성취를 이루었는지 살펴보는 것이다. 만약 내가 어떤 부분에서 성취했는지 알기 어렵다면 일기나, 지난 기록 등을 살펴보며 자신을 돌아보면 좋다. 어떤 일에서 큰 성공을 경험했다면 그것이 내 강점이 될 수 있다. 아무리 찾아보아도 그 기록을 찾기 어렵다면 매일 조금씩 내가 성취한 것들을 적어보는 것도 좋다. 매일 조금씩 무언가를 성취한 경험이 쌓인다면 그것 자체가 내게 큰 용기가 되기 때문이다.

또한, 주변 사람들에게 내가 어떤 일을 했을 때 크게 강점을 보였는지 조언을 구하는 것 역시 좋은 방법이다. 스스로 자신을 돌아보는 것 역시 필요하지만, 사람들은 때론 자신에게는 더 엄격한 잣대를 세우기 때문에 스스로 자신의 강점을 파악하기 어렵기도 하다. 다른 사람의 강점은 눈에 잘 보이지만 내 강점은 아무리 보아도 없는 것처럼 느낄 수 있다. 하지만 주변 사람들은 내 강점이 무엇인지 알고 있을 것이다. 생각보다 나에겐 많은 강점이 있다는 걸 알게 된다면 그 역시 내가 앞으로 삶을 살아가는 데 있어 큰 재산이 될 것이다. 나와 가장 가까운 사람들에게 내가 어떤 강점을 가졌는지 물어보면 그들은 당신이 모르는 당신의 수많은 강점을 알려줄 것이다. 그 강점을 잘 보완하고 다듬어 앞으로 나아간다면 더 큰 행운을 잡을 수 있다.

주변 사람들로부터 독립해 나의 길을 정립하자.

목표가 생기고 꿈이 있다면 가족과 주변 사람들로부터 과감히 독립할 필요가 있다. 독립이 꼭 거주지를 분리한다는 뜻은 아니다. 집에서 나오지 않아도 부모님이나 주변 사람들로부터 정신적, 금전적으로 독립함을 뜻한다. 스스로 돈을 벌고, 자산을 운용하여 움직일 때 비로소 독립이라고 할 수 있다.

우리가 경제적으로 독립해야 하는 이유는 무엇일까?

부모나 주변의 도움을 받고 있을 때는 그 사람의 눈치와 통제를 받을 수밖에 없다. 내가 정말 원하는 바가 있어도 경제적인 도움을 주는 사람이 내게 바라는 것이 있다면 그를 완전히 무시하기는 힘들 것이다. 실제 많은 사람이 부모님에게 경제적 도움을 받는다는 이유로 인생의 행로나 계획을 부모님과 공유하고 있다. 이런 상태가 지속된다면 스스로 자신이 가야 할 길을 정하고 계획하는 일이 점점 어려워진다. 자신이 정한 목표에 따라 행동하며 그 안에서 스스로 배워야 하는데 부모님이나 주변 가족은 안전한 길을 가기를 바라기 때문에 새로운 도전을 하거나, 낯선 환경에 노출되는 것을 꺼릴 수 있다. 그런 상황이 반복된다면 은연중에 나를 돕는 이에게 의존하는 경향이 생기게 된다.

내 결정을 책임질 사람이 오직 나 자신뿐이라는 절박함은 내가 꿈을 이루는 데 큰 자양분이 된다. 경제적 지원을 받는다면 실패해 떨어져도 안전한 그물 위로 착지할 수도 있다. 하지만 그 안전함 때문에 더 오르려는 욕심 없이 쉽게 몸을 던질 수도 있다. 성공은 스스로 생각하고, 계획하고, 추진할 때 더 가까이 다가온다.

변화를 두려워하지 말자.

대운의 기회가 들어올 때는 일시적인 시련이나 어려움이 찾아온다. 그 순간 변화하는 것이 두려워 움직이지 않으면 도태될 수밖에 없다. 매미는 땅속에서 오랜 시간 기다렸다 땅 밖으로 나온다. 굼벵이에서 매미로 탈바꿈할 때 큰 위험과 아픔이 있듯이 그 과정을 겪어야 멀리 날아갈 수 있다.

빅터 프랭클의 『죽음의 수용소에서』에서 저자는 강제 수용소에서 겪은 고통을 떠올리며 이렇게 이야기한다. 그 어떤 권력자라 할지라도 우리가 경험했던 바를 빼앗아가지는 못한다고. 저자는 비록 그가 겪은 고통과 시련은 언젠가 과거가 될 테지만 절대 사라지지만은 않는다고 밝히며, 그 고통이 우리를 실존하게 한다고 이야기한다. 또 그 고통이 남들이 부러워할 만한 것은 아니더라도, 그 고통을 용감히 이겨냈다는 사실만은 가장 자랑스러운 일이 될 수 있다고 밝혔다. 이 이야기에서 우리는 우리에게 어떤 시련과 고난이 찾아와도 그것 역시 나를 이루는 근간이 될 것이라는 사실을 알 수 있다. 끝이 보이지 않는 시련 속에서도 그 의미를 찾아낸다면 어떤 힘든 상황 속에서도 자신을 일으켜 세울 수 있다. 그리고 그 끝에는 변화된 내 모습을 만나게 될 것이다.

처음으로 넘어진 아이는 그 후 넘어지면 아프다는 사실을 깨닫고 넘어지지 않는 방법을 익히게 된다. 우리 모두는 그렇게 수천 번을 넘어지며 첫걸음을 떼었다. 우리 안에는 언제든 새로운 것을 배울 수 있는 실패의 경험이 있다. 그러니 고통스럽고 힘겨운 상황이 찾아와도 내가 그것을 이겨낼 수 있는 사람이라는 것을, 더 행복해질 수 있는 사람이라는 것을 믿고 앞으로 나아가야 한다.

운은 흐르는 물과 같아 만족하여 멈추는 순간 썩게 된다. 끊임없이 변화하는 것만이 대운을 오랫동안 유지할 수 있는 비결이다.

알맞을 때 돈을 쓸 줄 알아야 한다.

돈은 쓴 만큼 들어온다는 말이 있다. 돈의 흐름도 운의 흐름과 비슷하다. 계속 돈이 한곳에 머물러 있으면 운 역시도 고여 있게 된다. 그렇다고 허투루 돈을 낭비하고 함부로 사용하라는 뜻은 아니다. 돈을 한 곳에 쌓아놓으려 하지 말고 자신에게 좀 더 투자하거나, 주변 사람들에게 투자하며 돈을 운용해야 한다. 그렇게 돈의 흐름을 만들면 그 물결이 더 크고 깊게 되어 운을 부르는 파도가 될 것이다. 돈을 잘 버는 것만이 능력이 아니라, 돈을 잘 쓰는 것 역시 능력이다.

그렇다면 돈을 잘 쓰기 위해서는 어떻게 해야 할까?

가장 먼저 내가 돈을 어떻게 운용하고 있는지 알아야 한다. 그래서 수입과 지출을 구체적으로 기록해 내 돈의 흐름을 추적해보면 좋다. 기간을 정해두고 가계부를 적으면 내가 어떤 생활을 하고 있는지 확인할 수 있다. 내가 적어둔 기록을 바탕으로 내가 정말 필요한 곳에 돈을 사용하고 있는지 점검해야만 한다. 평소 내가 어떤 부분에 돈을 쓰는지, 계획했던 곳에 맞게 사용하는지, 어떤 부분에 과소비하거나 감정적으로 지출했는지 알게 된다면 내 소비 패턴을 바꿀 수 있다. 그 안에서 불필요한 지출을 줄인다면 그 돈을 활용해 내 미래를 위해 투자할 수 있다. 같은 돈을 쓴다 하더라도 더 좋은 소비를 하게 되는 것이다.

나의 씀씀이와 돈의 흐름을 알았다면 예산을 세워보는 것이 좋다. 앞으로 어디에 손을 쓰면 좋을지 작은 목표부터 시작해 큰 목표까지 열거해보자. 그리고 그 예산이 어디에 부합하는지 분류해 적으면 좋다. 여행을 가거나 오랫동안 가지고 싶었던 물건을 사는 등 내 마음의 안식을 주는 소비가 있을 것이고, 주식을 사거나 부동산을 구매하는 등 재물을 얻기 위한 투자도 있을 것이다.

예산과 함께 그 쓰임새를 분류해두면 내가 어떤 부분에 더 많은 투자를 하고 있는지 한눈에 이해하기 쉽다. 만약 내게 필요한 곳에 투자하지 않고 다른 부분에 더 많은 돈을 사용할 예정이라면 예산을 다시 짜거나 내 목표를 수정해야만 한다. 내가 목표한 바와 나아갈 방향이 일치하지 않기 때문이다. 적절한 곳에 돈을 사용하기 위해서는 무엇보다 자기 자신이 어떤 일을 하고 싶은지, 어떤 목표가 있는지 먼저 알아야 한다. 시간과 돈은 한정적이기 때문에 목적에 맞게 돈을 사용해야 알맞은 곳에 돈을 사용했다고 볼 수 있다.

새로운 사람을 만나고 새로운 환경으로 나아가자.

새로운 도전이야말로 큰 행운과 대운을 잡을 기회이다. 새로운 사람을 만나거나 새로운 환경을 접하는 걸 어려워하지 말고 앞으로 나아가야 한다.

새로운 누군가를 만나는 일을 두려워하는 사람이 많다. 하지만 새로운 사람을 만난다는 것은 내가 알지 못하는 새로운 세계를 여는 것과 같다. 그 사람이 살아온 환경과 자라오며 겪은 경험이 달라서 새로운 사람을 만나면 내가 전에 알지 못했던 시야를 보고 배울 수 있다. 정현종 시인의 <방문객>이라는 시에는 사람을 만나는 것이 그 사람의 일생을 만나는 일이라는 표현이 있다. 그 사람의 과거와 현재, 미래가 모두 오기 때문에 내가 전에는 경험하지 못했던 세계를 알게 되는 것이다. 우리가 모든 것을 경험할 수 있다면 좋겠지만 기회는 한정적일 수밖에 없다. 그래서 다른 사람의 경험을 통해 내 경험의 폭을 확대할 필요가 있다. 다른 사람의 경험을 통해 내가 전에는 이해하지 못했을 상황과 사람을 이해하게 되고, 세상을 더 폭넓게 바라보는 시야를 가질 수 있게 된다.

또한, 다양한 사람을 알게 되면 기회의 폭 역시 넓어지게 된다. 어느 날, 내게 새로운 운이 들어와 잘 알지 못하는 새 분야로 향하게 된다면 주변에 그 일을 하고 있거나 그 일을 좋아하는 사람이 있는 것이 내게 큰 도움이 될 수 있다. 또 도움이 필요하거나 조언이 필요한 상황이 생길 때 그에게 도움을 요청할 수도 있다. 그리고 새로운 사람들과의 대화를 통해 세상의 흐름을 읽고 새 정보 역시 얻을 수 있다. 비슷한 범주의 사람을 계속 만나면 변화하는 세상의 흐름을 읽기 어렵다. 하지만 새로운 사람을 만나 대화를 나누면 그가 가지고 있는 정보를 통해 새 시대의 흐름을 읽을 수 있다. 지금 사람들이 가장 관심을 가지는 것이 무엇인지, 어떤 화제가 사람들에게 인기가 있는지 앎으로써 변화하는 흐름에 합류하는 것이다. 작은 행운은 혼자서도 가능하지만 큰 행운을 잡으려면 함께하는 사람이 필요하다.

그렇다면 새로운 사람을 만나기 위해서는 어떻게 해야 할까?

새로운 사람을 만나려면 새로운 환경을 찾아가는 수밖에 없다. 가장 좋은 것은 자신이 평소 관심 있는 모임이나 활동에 참여해보는 것이다. 관심사가 비슷한 사람이 모여 있어서 뜻이 잘 통하고 그 안에서 내 앞길에 도움이 될 만한 귀인을 만날 수도 있다. 그곳에 같은 업종이나 분야에 종사하는 사람이 있다면 내게 새로운 기회를 제안

할지도 모른다.

하지만 때로는 내가 전혀 경험해보지 못한 새로운 일을 시작해보는 것도 좋다. 낯선 환경 속에서 새로운 사람을 만나면 그들의 에너지에 자극을 받게 된다. 사람은 새로운 자극이 들어오면 전에 하지 못하던 생각과 아이디어를 얻게 된다. 그 자극이 나를 새로운 기회로 이끌 수 있다.

여행을 떠나거나, 가보지 않았던 낯선 곳을 방문해보는 것 역시 큰 도움이 된다. 늘 익숙했던 환경에서 벗어나 새로운 곳에 가면 좁아져 있던 내 마음도 크게 열리게 된다. 그 안에서 자신의 내면을 돌아보고 성장할 수 있다. 사람들이 800km가 넘는 산티아고 순례길을 걷거나, 국토대장정을 하는 등 힘든 고행을 시도하는 것 역시 새로운 환경에서 자기 자신을 돌아보고 새롭게 성장하기 위해서이다. 한 번도 가보지 못한 새로운 환경을 방문하고 새로운 사람을 만나는 것은 내 인생을 달라지게 할 중요한 열쇠가 될 수 있다.

행동하는 데 주저하지 말자.

생각이 변화하면 행동이 변화하게 되고, 행동이 변화하면 운에도 변화가 생긴다. 목표하는 꿈이 있거나, 계획이 있다면 반드시 행동으로 옮기려고 노력해야 한다. 완벽한 계획을 완수하기 위해 계획만 잔뜩 세운다 해도 실천하지 않으면 큰 소용이 없다. 페이스북의 CEO 마크 저커버그는 페이스북이 본격적으로 성장하기 시작할 때 페이스북 본사 벽면에 다음과 같은 문구를 붙여 놓았다고 한다.

Move fast and break things. (재빨리 움직여 돌파하라.)
Done is better than perfect. (완수하는 것이 완벽한 것보다 낫다.)

두 문구 모두 행동의 중요성을 이야기하고 있다. 페이스북이 세계 최대의 SNS가 되기까지 가장 중요했던 것은 그 누구보다 빠른 실행력이었다. 운을 얻기 위서는 그만큼 행동하는 것이 가장 중요함을 알 수 있다.

또한, 스포츠 브랜드 나이키의 슬로건 역시 'Just do it!(망설이지 말고 그냥 해봐!)'이다. 이 슬로건은 1988년 TV 광고에 처음 등장해 나이키의 역사를 바꿨다. 사람들은 이 슬로건을 보며 열정과 투지를 읽을 수 있었고 이는 나이키가 전 세계적으로 사랑받게 되는 데 큰 도움을 주었다. 이 문구가 사랑받을 수 있는 이유는 일단 무엇이든 시도하는 것이 별 것 아닌 것처럼 느껴져도 무척이나 어렵기 때문이다. 용기가 없어 주저하고 망설이는 사람이라면 'Just do it!'의 문구처럼 주저하지 말고 일단 해보는 일이 필요하다.

아무리 좋은 계획을 세워도 실천하지 않으면 행운이 들어올 수 없다. 기회는 계속 찾아오지 않는다. 새로운 생각을 하게 되었을 때 망설임 없이 행동해야 그 기회를 잡을 수 있다.

내게 기회가 찾아왔다고 느낀다면 지금 준비가 충분히 되어있지 않더라도 일단 시도해보는 것이 좋다. 만약 실패하더라도 그 경험이 훗날 내가 하고자 하는 일의 큰 밑거름이 될 수 있다. 그래서 찾아온 기회를 내 것으로 만들어 유리하게 활용해야만 한다. 내게 맞는 시기와 때를 기다리다 보면 다른 사람들이 먼저 움직여 내가 원하는 것을 전부 차지할 수 있다. 또한, 사람의 의지는 불같이 타오르다가도 여러 외부 요인으로 쉽게 꺾일 수 있는 까닭에 그 의지가 가장 왕성할 때 실행해야 좋은 기운을 받을 수 있다.

Point!

마음을 달리 쓰는 연습을 하면 새로운 운이 들어올 수 있다. 언제나 자신의 마음을 돌보고 가꿔야 한다.

부록

행운을
불러오는
집안풍수

집은 우리가 가장 많이 머무는 장소이다. 내 집 안을 어떻게 가꾸느냐에 따라 내 운 역시 달라질 수 있다. 내 생활에 행운을 불어 넣어주기 위해서는 내가 머무는 공간이 나를 도와줄 수 있도록 집을 꾸미는 것이 좋다. 다음은 사람들이 내게 많이 물어보는 집 안 풍수에 관한 질문을 정리한 것이다. 내 마음을 편안하게 해주는 안정적인 집을 만들면 내게도 새로운 운이 들어올 것이다.

1. 행운을 불러오는 현관

현관은 집 안 풍수의 첫 단추이자 기운의 시작되는 장소이다.

Q 현관의 방향 : 현관의 기준은 집 안에서 현관 밖을 바라보는 것으로 본다.

1) 정면으로 바라봤을 때 좌측은 사람에게 영향을 주고, 우측은 재물에 영향을 준다.

2) 좌측에 좋은 기운을 가진 산의 모양을 두면 명예가 상승한다.

3) 우측에 물의 모양이나, 작은 거울을 두면 재물이 상승한다.

Q 현관의 출입문

1) 현관 출입문이 너무 큰 것은 좋지 않다. 집의 크기보다 출입문이 크면 나쁜 기운이 쉽게 들어오고, 또한 집 안의 좋은 기운이 밖으로 쉽게 빠져나가 재물이 손상될 수 있다.

2) 출입문은 깨끗한 것이 좋다. 입구가 지저분할수록 나쁜 운이 생겨날 수 있다. 그래서 출입문에 스티커, 전단, 요란한 모양의 자석을 걸어두는 것은 운에 좋지 않다. 또 문고리에 우유나, 배달 음식을 걸어놓는 것 역시 피해야 한다.

3) 출입문은 당기는 것보다 집 안으로 밀고 들어가는 것이 좋다. 문을 밀고 들어가면, 좋은 기운을 집 안으로 끌고 들어가는 것과 같은 효과를 낼 수 있다.

4) 현관 사이에는 중문이 있는 것이 좋다. 현관 사이의 중문은 나쁜 기운이 직접 방으로 들어오는 것을 조절하는 기능을 한다.

5) 현관(출입문)과 방문이 마주 보고 있는 것은 좋지 않다. 외부의 나쁜 기운이 방 안으로 들어와 건강을 상하게 하고, 가족 불화를 일으킬 수 있다.

Q 현관 입구

현관 입구는 깨끗하게 정돈하고, 조명이 밝은 것이 좋다.

1) 현관은 사람이 출입하는 곳으로 건강, 재물, 명예에 영향을 크게 준다. 현관이 깨끗해야 나쁜 기운이 집 안으로 들어오지 않으며 드나듦이 편하고 좋아야 한다. 현관 입구가 꺾이거나, 걸리는 곳이 있다면 운에 좋지 않다.

2) 바닥 타일이나, 벽, 가구에 손상이 나 있으면 운에 좋지 않다. 현관 입구에 문이 손상을 입으면 나쁜 기운이 머물러 건강도 명예와 재물에도 손상이 입은 것과 같아 좋지 않다.

3) 조명
   현관은 밝은 조명을 써야 나쁜 기운이 약해지고, 좋은 기운이 머문다. 현관 입구에 작은 불이라도 늘 켜져 있어야 좋은 기운이 들어온다.

Q 신발의 수납은 어떻게 하는 것이 좋을까?

1) 안 신는 신발은 되도록 신발장에 넣어 깨끗이 하는 것이 좋다.

2) 집안의 가장, 또는 세대주의 신발은 늘 현관에 놓아두는 것이 좋다.

3) 신발을 밖에 놓을 경우, 신발의 코가 안쪽을 보는 것이 좋다. 신발의 코가 밖으로 놓이면 운이 자꾸 나가려 한다.

Q 거울의 위치에 따라 재물 운, 명예 운이 다를까?

거울은 반사와 증폭의 효과가 있다. 거울을 어떻게 쓰느냐에 따라 운이 달라질 수 있다.

1) 좋은 작용
상반신이나, 얼굴을 비추는 거울의 크기는 클수록 좋게 작동한다. 거울은 반사 기능이 있어 나쁜 기운도 반사시킨다. 나가는 출입문 방향 오른쪽에 걸어두면 재물 운을 증폭시킨다.

2) 나쁜 작용
너무 큰 거울은 좋은 기운도 반사시켜 피하는 것이 좋다. 특히 현관 정면에 거울이 있으면 나쁜 기운이 배가 된다.

Q 현관에 잡다한 물건을 두지 않는다.

우산꽂이 - 습한 기운이 현관에 있으면 나쁜 기운을 불러온다.

유아차, 자전거, 킥보드, - 집 안에 놓아두면 운이 자꾸 외부로 나가려 한다.

골프채 등 운동용품 - 마음이 자꾸 밖으로 향하게 된다.

운의비밀

Q 현관의 색상

1) 현관의 출입구의 색상이나, 매트를 너무 화려하게 하는 것은 좋지
   않다.

2) 현관과 거실의 색상이 비슷해야 기운이 서로 충돌하지 않는다.

Q 현관에 놓으면 좋은 풍수 용품

좋은 풍수 용품을 두면 좋은 기운을 더 증폭시켜 주는 역할을 한다.

1) 풍경 - 나쁜 기운을 몰아내고 좋은 기운을 받아들이게 된다.

   풍경은 동으로 되어 있는 것이 좋다. 맑은 쇳소리는 나쁜 기운을 몰
   아낸다.

2) 삼족 두꺼비 - 삼족 두꺼비 상은 재물을 부르는 기능을 한다. 재물
   을 상징하기 때문에 허리 위와 같은 높은 곳에 두는 것이 좋다. 동
   전을 물고 있으면 현관 입구 방향에 놓아두고, 동전이 없으면 거실
   방향에 놓아둔다.

3) 코끼리 - 부귀의 상징으로 풍요와 부유함을 뜻한다. 코끼리 코가
   하늘을 보면 명예를 뜻하고 땅을 보면 재물을 상징한다. 코끼리의
   코가 거실을 향해야 부귀가 집 안으로 들어온다.

4) 부엉이 - 재물과 집안을 지켜주는 역할을 한다. 부엉이는 야행성
   으로 현관에 놓으면 재물을 지켜주는 역할을 하지만 집 안에는 놓
   지 않는 것이 좋다. 동양에서는 효신살이 있어 흉조로 보기도 한다.
   단, 부엉이는 지혜와 재물을 상징하기 때문에 입시생 방에 놓아두
   는 것은 좋다.

5) 소금 항아리 - 물은 재물을 상징하는데, 소금은 큰 바다를 나타내기 때문에 큰 재물을 상징한다.

2. 가정의 평화를 부르는 거실

거실은 집 안의 중심지 역할을 하며 방에 기운을 전달하는 기능을 한다. 옛집의 마당과 대청 역할을 한다.

Q 거실은 사람을 모이게 한다.

거실은 집의 중심에 있는 것이 좋다.

1) 거실이 집의 중심에 있어야 가족들이 쉽게 모이기 쉽고, 가족 간의 화합과 기운이 각자의 방으로 고르게 분배가 되어 안정감을 줄 수 있다.

2) 거실이 한쪽으로 치우치면 가족이 각자 따로 생활하여 갈등을 유발할 수 있다.

Q 천장

1) 높은 천장 - 높은 천장은 종교 시설, 왕실 등, 위엄을 보이는 공간이나 창의력을 발휘하는 공간에 좋다. 하지만, 기운이 너무 강하기 때문에 기운에 눌려 의기소침해지거나, 반대로 추상적으로 자유로워져 허무맹랑한 꿈을 꾸게 되고, 집중이 안 될 수 있다.

2) 낮은 천장 - 회의실, 연구실 등 집중력을 요구하거나, 편안함을 주는 공간에 적합하다. 하지만, 이런 공간에 오래 머물면 자신감이 없어지고, 활동성이 저하되어 좋지 않다.

Q 거실 커튼은 어떤 것을 달아야 할까?

1) 커튼은 들어오는 바람 같이 외부의 나쁜 기운을 막는 기능이 있어 반드시 설치하는 것이 좋다.

2) 커튼의 색상은 밝은 색으로 하는 것이 좋다.

Q 소파

1) 소파는 현관을 보는 방향이 좋다. 소파가 현관 쪽으로 놓여 있으면 주인은 집 안으로 누가 들어오는지 확인할 수 있다.

2) 소파는 벽에 붙이는 것이 좋으나, 거실 가운데 배치할 경우 현관을 마주 보는 쪽이 주인 자리이고, 현관을 등지는 자리가 손님의 자리로 하는 것이 좋다.

Q 운을 부르는 시계는 따로 있다?

1) 뻐꾸기 시계나, 부엉이 시계는 피하는 것이 좋다.

2) 고장 나거나 깨진 시계는 운에 흐름을 깨어 고치거나 버리는 것이 좋다.

Q 운을 부르는 그림과 장식품, 화분

1) 거실에 인물화를 거는 것은 좋지 않지만, 가족 사진을 걸어 두는 것은 좋다. 가족사진을 벽에 걸어두면 가정을 화합시키는 역할을 한다.

2) 거실에는 꽃, 풍경화를 걸어두는 것이 좋다. 특히 산 모양의 그림은 가정을 안정시킨다. 꽃 중에는 해바라기가 좋다.

3) 실내에서 식물을 키우는 것이 좋다.

실내에서 침엽수 식물을 키우는 것은 좋지 않지만, 잎이 풍성한 관엽 식물은 좋다. 식물의 크기가 사람의 가슴보다 커지면 집 안의 기운을 눌러버린다.

4) 거실에 대형 거울을 놓는 것은 사람의 기운을 뺏어버린다.

5) 거실에 작은 수족관은 재물의 기운을 상승시킨다. 단, 그 크기가 너무 크면 애정 운을 깨트린다.

3. 부부의 금실이 좋아지는 침실

Q 부부 금실이 좋아지는 침대 위치

1) 침대 머리는 딱딱한 벽, 막힌 곳에 붙여 머리를 두고 자는 것이 좋다. 풍수에서 산을 뒤에 두고 있는 배산의 형태로 머리를 두는 것이 좋다. 머리를 둘 때 머리를 둔 곳의 뒤가 단단하게 막혀야 운에 좋다.

2) 침대의 측면은 벽에서 약간 떨어뜨려 놓는 것이 기의 흐름에 좋다.

3) 침대는 문에서 대각선 방향이 가장 좋은 위치로 건강이 좋아지고, 재물 운이 상승한다.

4) 창문이나, 문 쪽으로 머리를 두면 운이 쇠락하게 된다.

Q 침실 베개와 이불

1) 베개는 재물을 상징하여 작은 것보다 큰 것이 좋다.

2) 침대보와 침구는 무조건 청결해야 한다. 청결함은 언제나 좋은 기운을 불러온다.

Q 침대 머리를 북쪽에 두면 안 좋다?

1) 중국 북망산이 북쪽에 있어 사람이 죽으면 북쪽으로 간다는 설이 있다. 이를 북망산천(北邙山川)이라 한다. 그래서 침대 머리를 북쪽

으로 두면 기운이 좋지 않다.

주역에서도 북쪽은 음기를 나타내며, 죽은 자의 방향으로 본다. 물론 반드시 큰 영향을 주지 않을 수 있다. 하지만 우리나라 건물 대부분 남향 쪽으로 짓기 때문에 침대 머리가 동쪽으로 가는 경우가 많다. 동쪽은 해가 뜨는 방향으로 좋은 기운을 받을 수 있다.

2) 침대는 머리를 두는 위치보다 침대 자체를 두는 위치가 더 중요하다.

Q 침대 주변에 놓는 물건에 따라 운이 달라질까?

1) 금고나 중요한 물품을 놓은 자리
문에서 대각선 구석진 곳을 취재위라 하여 재물이 모이는 자리이다. 그곳에 금고나 중요한 물품을 놓아두는 것이 좋다.

2) 안방 화장대
자는 모양이 화장대 거울에 직접 비추는 것은 운에 좋지 않다.

3) 침실 머리맡 옆 협탁 배치하기
침실 머리 옆에는 협탁을 놓고 스탠드나, 꽃병, 책, 작은 사진을 놓는 것은 운에 좋다. 머리 쪽으로 나쁜 기운이 들어오는 것도 막고, 머리를 감싸주어 편안함을 주기 때문이다.

4) 풍수 용품
· 모란꽃
모란꽃은 부귀화(富貴花)로 곧 부귀를 뜻한다. 목련은 옥(玉), 해당화는 당(堂)을 뜻한다. 모란꽃을 목련꽃, 해당화와 함께 그리면 부귀옥당(富貴玉堂)의 뜻이 된다. 모란꽃 그림은 집안에 부귀와 운이 찾아오도록 기원하는 그림이다.

· 원앙과 연꽃(원앙 연화도)
원앙은 수컷인 원(鴛), 암컷인 앙(鴦)을 함께 부르는 말이다. 한 쌍의 원앙은 한쪽을 잃더라도 새 짝을 얻지 않는다고 하여, 민간에서는 부부간의 애정 또는 화목함을 뜻하는 상징이다. 그만큼 서로를 믿고 사랑하며 오래 함께함을 뜻한다.

특히, 꽃과 새를 주제로 한 화조도 가운데 원앙이 연못에서 나는 그림은 연생귀자도(蓮生貴子圖)라 한다. 여기에는 귀한 자녀를 연달아서 낳기를 염원하는 의미가 담겨 있다.

· 닭
닭은 새벽을 알리는 동물로, 길조로 여겨졌다. 또한, 수탉의 붉은 볏은 벼슬을 얻는다는 의미가 있다. 요새 말로 높은 지위를 얻게 된다고 볼 수 있다. 암탉은 매일 알을 낳으므로 자손의 번창을 상징하는 것으로 간주했으며, 부부 화합을 상징하는 의미로도 사용한다.

Q 방 안에 화장실

1) 방안 화장실은 항상 닫아두는 것이 좋다. 습한 기운이나, 나쁜 기운이 방 안으로 들어와 운에 좋지 않다.

4. 집중력과 학업에 운을 높여주는 공부방(서재)

Q 공부가 잘되는 책상의 위치는?

1) 문에서 한 번 꺾어진 곳을 문곡위(文曲位)라 하여 공부가 잘되는 자리이다

2) 문을 등지고, 공부하는 것은 불안을 가중시켜 공부에 집중할 수 없게 만든다. 드라마 <스카이캐슬>에서도 문을 등지지 않게 만든 책상이 좋은 책상이라는 대사가 나온다. 옛날 선비들은 역시 벽에 등을 대고, 책상이 문을 보게 앉아서 공부했다.

3) 제일 운이 안 좋은 자리는 창문을 바라보며 공부하는 것이다. 창문을 보고 있으면 다른 생각이 자꾸 찾아와 집중하기가 어렵다.

4) '천살방위'라 하여 조상이 돌보아 주는 방향에 책상을 두면 좋다. 띠별로 다음과 같다.

돼지띠, 토끼띠, 양띠 - 서서북

호랑이띠, 말띠, 개띠- 북북동

뱀띠, 닭띠, 소띠 - 동동남

원숭이띠, 쥐띠, 용띠 - 남남서향

Q 집중이 잘되는 색은?

동양 철학의 명리에서는 초록색은 봄의 색깔로 보아 생명의 진취적인 기상을 상징하고, 파란색은 눈의 피로를 풀어주며 생명 에너지를 불어넣어 집중력을 향상하는 데 도움을 준다.

Q 시험 합격, 성공으로 이끌어주는 물건은?

· 갈대와 게 그림(전려도, 해탐노화도)

'전려'는 과거 시험에서 합격자를 발표하는 의식과 관련된 말로 일등 합격자에게 임금이 주는 음식을 뜻한다. 여기서 '려' 자는 중국의 한자음이 갈대(蘆)와 같다. 그래서 시험 합격과 성공을 기원하는 의미로 갈대를 그린다.

각 지역에서 보는 향시(鄕試)에 급제한 사람은 중앙 정부에 명단을 올려 서울의 과거에 응시하도록 하였다. 이를 발해(發解)라 한다. 발해의 해(解)와 게 해(蟹)자가 음이 같아 게 그림 역시도 시험 합격과 성공의 기원을 상징하게 되었다. 또 게는 등딱지가 갑옷처럼 되어 있어 과거에 갑제(甲第), 즉 1등으로 합격하라는 의미가 된다. 두 마리를 그린 것은 소과와 대과에 연달아 합격하라는 속뜻이 있다.

· 나리꽃(백합)

백합은 순우리말로는 나리꽃이다. '나리' 는 옛날 벼슬아치를 이르는 말로 나리(꽃)와 동음이의어이다. 그래서 출세를 상징하는 그림으로 백합을 그린다.

· 잉어(어변성룡도)

잉어는 등용문을 상징하여 옛날부터 학문을 성취하고, 출세하는 것을 뜻했다. 한자로 어(魚)는 넉넉하다는 뜻을 가진 '여(餘)'와 중국의 한자음과 같다. 또 풍요롭다는 뜻의 '유(裕)'와도 발음이 비슷하여 영원한 번영과 출세를 의미한다.

· 산(문필봉)

산을 그린 그림은 학문과 명예, 권력을 상징하고 집 안에 안정감을 준다.

· 부엉이

부엉이는 그리스 신화 속 지혜의 여신인 아테네를 상징하는 동물이다. 그래서 유럽에서는 옛날부터 부엉이를 지혜의 상징으로 여겼다. 단, 동양에서는 부엉이가 불효의 상징으로도 여겨지니 합격이 되면 방에서 현관으로 옮기는 것이 좋다.

4-1. 자라나는 아이를 승승장구하게 만드는 아이 방

Q 아이 방을 캐릭터 벽지로 해놓는 경우가 많은데 괜찮을까?

벽지가 너무 산만한 것은 좋지 않지만, 아이가 좋아하는 캐릭터가 그려진 벽지는 좋다. 다만, 그 캐릭터가 너무 폭력적이거나 괴기스러운 것은 좋지 않다.

Q 아이 성장에 좋은 벽지는 무엇일까?

색상은 봄을 상징하는 녹색, 청색, 푸른색 계열이 좋다. 또한, 가로로 된 무늬보다 세로로 된 무늬가 좋다. 세로무늬는 위로 상승하는 기운이 있어 키와 성장에 도움이 되고 이상과 꿈이 높아진다. 색상이 화려한 것보다 원색의 밝은 색이 좋다. 색상이 화려하면 집중하는 것이 힘들다. 단색의 밝은 색을 사용하면 방에 안정감을 준다.

Q 아이 방 창가에서 보이는 풍경이 미치는 영향은?

아이 방에 창문이 너무 큰 것은 좋지 않다. 적당한 크기의 작은 것이 좋다. 창문이 크면 외부의 환경에 지배를 받아 안정치 못하고 운이 외부로 나가려 한다. 창문이 허리 위에 있고 크다면 커튼을 쳐 외부의 환경을 차단하는 것이 좋다. 창문은 밖을 보는 의미뿐만 아니라, 상상력을 키우게 하는 공간이다. 그래서 창문으로 좋은 산과 풍요로운 환경이 보이는 것이 좋다.

Q 아이의 장래희망에 따라 풍수가 좋은 책상 위치는 달라진다?

아이의 장래희망에 따라 책상을 두는 위치가 달라지면 좋다.

북쪽 : 학자, 변호사, 의사
동쪽 : 운동선수, 엔지니어
남쪽 : 예술가, 탤런트, 작가
서쪽 : 사업가

Q 아이 방 가구는?

책상 : 부드러운 나무 질감의 색상이 좋다. 철 제품은 아이의 성향을 날카롭고, 거칠게 할 수 있다. 책상 위에 유리를 올리는 것은 좋지 않다. 유리의 성질과 같이 신경이 예민해질 수 있다. 나무판이나, 고무 질감의 판을 깔아 주는 것이 좋다.

의자 : 의자는 허리를 받쳐주는 제품이 좋다. 의자가 뒤로 너무 눕혀 지거나, 너무 푹신하면 집중력이 약해진다.

5. 건강과 재물 운을 보호해주는 화장실(욕실)

화장실은 풍수에서 중요한 물의 기운이 가득한 곳이다.

Q 좋은 기운이 밖으로 흘러가지 않게 하려면?

화장실은 나쁜 기운을 내보내는 곳으로 막힌 곳이 있으면 운에 좋지 않다. 화장실이 막히면 재물의 운이 막힌 것과 같아 바로 뚫어주는 것이 좋다. 화장실은 언제나 깨끗하고, 물기가 없는 것이 좋다. 따라서 환풍기를 자주 작동하는 것이 좋다. 곰팡이가 있거나, 물때가 생기면 재물 운이 막힌다. 욕실은 기본적으로 습하고 어두운 곳이어서 다른 장소보다 더 밝은 조명을 쓰는 것이 좋다.

Q 공용 욕실과 안방에 달린 욕실은 풍수가 다를까?

안방에 붙은 욕실은 특히 관리를 잘 해줘야 한다. 안방에 붙은 욕실은 부부에게 직접적인 영향을 주는 곳으로 언제나 청결하고, 습기 없이 관리해야 한다. 또한, 침대 머리가 욕실이나 방문으로 가는 것은 재물 운에 안 좋은 영향을 준다.

Q 화장실 문은 늘 닫아 놓는 것이 좋다?

화장실의 습한 기운과 변기에 고인 나쁜 냄새 및 기운이 방 안으로 들어오면 건강뿐 아니라 나쁜 기운이 머무는 원인이 될 수 있다. 화장실은 계속 환풍기를 틀어 놓거나, 창문이 있다면 자주 환기해주는 것이 좋다.

Q 욕실에 샤워 커튼을 다는 경우가 있는데, 공간을 나누는 것이 운에 영향을 줄까?

몸을 씻는 공간과 변기가 있는 공간은 구분지어 주는 것이 좋다. 요즘 짓는 아파트는 변기, 세면대, 욕실을 구분하는 곳이 점차 많아지는데 이것이 풍수에는 가장 좋다.

Q 욕조에 남은 물은 즉시 빼주고 하수구 막힘은 바로 해결할 것!

풍수에서 물은 재물을 상징한다. 지만, 흐르지 않는 물은 썩은 물로 보아 운이 안 좋게 작동한다. 또한, 습한 기운이 있는 것은 건강에도 좋지 않다.

Q 화장실에 놓으면 좋은 물건은?

화장실 청소 도구는 되도록 보이지 않게 하는 것이 좋다. 기본적으로 좋은 향이 나는 방향제나, 뽀송뽀송한 수건을 걸어놓는 것이 좋다.

Q 화장실에 좋은 색은?

욕조는 기본적으로 흰색을 사용하는 것이 가장 좋다. 욕조를 흰색으로 사용하면 더러운 것이 금방 눈에 띄어 청결을 항상 유지시켜 줄 수 있고, 흰색이 음기를 제거해주어 기운을 좋게 해준다.

6. 우리 가족 건강을 책임지는 주방

주방에는 물과 불이 상충해 음양의 조화가 중요하다.

Q 가족이 건강하려면 꼭 지켜야 할 것은?

주방은 환기를 자주 해야 한다. 음식 냄새가 오래 머무는 것은 운에 나쁜 영향을 준다. 조명은 따뜻하고 부드러운 조명이 좋다. 따뜻한 조명은 좋은 기운을 머물게 한다.

Q 그릇 수납은 어떻게 해야 할까?

그릇을 엎어두지 말아야 한다. 그릇을 엎어두는 것은 금전운이 나가는 가장 큰 원인이다.

이빨이 나가거나 금이 간 그릇은 쓰지 않는다. 이빨이 나가거나 금이 간 그릇을 사용하면 집안에 불화가 생긴다.

Q 냉장고와 가스레인지는 같이 두면 안 된다?

부엌은 어쩔 수 없이 불과 물을 모두 사용해야만 하는 장소이다. 냉장고와 전자레인지는 불과 물의 성질이 충돌하여 가까이 두면 불필요한 지출이 발생할 수 있다.

Q 어떤 종류의 식탁을 놓는 게 좋을까?

식탁은 벽에서 떨어져 있는 것이 좋다. 또한, 식탁에 앉을 때는 가족이 서로 마주 보고 앉은 것이 좋다. 식탁을 벽에 붙여두는 것은 가족 간의 서열을 조성할 수 있다. 또한, 식탁에는 약을 두지 말아야 한다. 식탁 위에 약을 두게 되면 건강 염려증이 생겨 사람이 더 불안해질 수 있다.

Q 주방에 날카로운 도구는 화를 부른다?

날카로운 기구는 보이지 않는 곳에 수납하는 것이 좋다. 칼이나, 날카로운 것이 눈에 자주 보이면 그 기운이 마음을 심란하게 한다. 또한, 금전적으로 마음고생 할 일이 생기게 된다.

Q 주방 기구 소리가 요란하면 화를 부른다?

소리가 심하게 나는 냉장고나 가전제품은 점검해주는 것이 좋다. 소음이 큰 물건은 건강과 정신을 해롭게 하고 나쁜 기운을 불러온다.

에필로그

모든 사람에게는 세 번의 행운이 찾아온다는 말이 있다. 이십 년 동안 상담을 해오면서 이 말을 누구보다도 크게 공감한다. 직업, 환경, 나이, 성별에 상관없이 모든 사람에게는 그 기회가 찾아온다. 하지만 우리 모두 그 운의 시기가 언제인지, 내 운을 어떻게 받아들이고 운영해야 하는지 잘 알지 못한다.

운이 들어올 때는 불안이 발생하는 때이다. 불안(不安)이란 아닐 불(不) 자에 편안할 안(安) 자를 쓴다. 몸과 마음이 편안하지 않다는 뜻이다. 사람에게는 오감이라 불리는 특별한 감각이 있다. 위기가 닥치거나, 기회가 찾아오면 본능적으로 불안함과 초조함을 느낀다. 그 불안함 때문에 다른 행동을 하게 되고, 때로는 그 행동의 결과로 인생이 크게 바뀌기도 한다.

같은 불안이지만 뜻이 다른 불안(佛眼)이란 단어가 있다. 이 단어는 부처의 눈을 뜻하는데, 모든 일의 진실된 참모습을 바라보는 부처님의 지혜를 이야기한다. 대운을 잡기 위해서는 불안 속에서 진리의 길을 찾는 부처의 눈이 필요하다. 모든 것이 안정되고 잘되어 가고 있는데 불안한 마음이 생긴다면 운의 변화가 시작될 때이다. 이때에는 주변을 잘 관찰하고, 나의 현재 상황을 냉정하게 판단해야 한다.

운(運)이란 한문의 뜻으로 보면 '움직이다, 옮기다, 운용하다'라는 뜻을 가진 글자이다. 운의 뜻과 같이 대운이 들어와도 그 행운을 어떤 식으로 운용하고, 어떻게 움직이느냐에 따라 그 행운의 크기와 운이 지속하는 시기가 크게 달라진다. 대운이 들어오면 그다음부터는 언제나 노력하고, 주변 말에 귀 기울이며 겸손해야 한다. 또 새로운 것에 겁내지 않고 나아가려는 마음 자세를 가지면 그 행운은 영원히 나와 함께할 것이다.

이적 씨와 유재석 씨는 <무한도전>에 출연해 '말하는 대로'라는 노래를 불렀다. 이 노래의 초반부는 운이 없던 젊은 시절의 좌절과 아픔에 관해 이야기한다. 하지만 노래 후반부에 이르면 운을 잡아 성공을 향해 나아감을 이야기하고 있다. 지금은 크게 성공한 유재석 씨도 처음 몇 년 동안은 노래 가사처럼 수많은 좌절과 아픔을 겪었다고 여러 방송에서 밝혔다. 하지만, 피나는 노력 끝에 어느 순간 운을 잡는 방법을 깨달은 후 지금은 '유느님'이라 불릴 정도로 크게 성공했다.

『인간관계론』을 쓴 데일 카네기 역시 운에 대해 이렇게 말하였다

"행운은 매달 찾아온다. 그러나 그 행운을 맞이할 준비가 되어 있지 않으면 거의 다 놓치고 만다. 이번 달에는 그 행운을 놓치지 말라."

이 책을 읽는 독자들에게도 이 책이 행운을 잡을 기회가 되길 바란다.

운의 비밀

초판 1쇄 인쇄 2021년 8월 11일
초판 1쇄 발행 2021년 8월 18일

지은이 민광욱
펴낸이 권기대

총괄이사 배혜진
편집팀 송재우, 양아람
디자인팀 김창민
마케팅 김지윤
경영지원 설용화

펴낸곳 베가북스 **출판등록** 2004년 9월 22일 제2015-000046호
주소 (07269) 서울특별시 영등포구 양산로3길 9, 2층
주문·문의 전화 (02)322-7241 팩스 (02)322-7242

ISBN 979-11-90242-97-4

* 책값은 뒤표지에 있습니다.
* 잘못된 책은 구입하신 서점에서 바꾸어 드립니다.
* 좋은 책을 만드는 것은 바로 독자 여러분입니다.
  베가북스는 독자 의견에 항상 귀를 기울입니다. 베가북스의 문은 항상 열려 있습니다.
  원고 투고 또는 문의사항은 vega7241@naver.com으로 보내주시기 바랍니다.
* 베가북스에 대한 더 많은 정보가 필요하신 분은 홈페이지를 방문해주시기 바랍니다.

vegabooks@naver.com www.vegabooks.co.kr
 http://blog.naver.com/vegabooks vegabooks VegaBooksCo